7

TEACHER'S BOOK

Easy Steps to CHINESE

轻松学中文

SIMPLIFIED CHARACTERS VERSION

教师用书

U0952734

Yamin Ma
Xinying Li

北京语言大学出版社
BEIJING LANGUAGE AND CULTURE UNIVERSITY PRESS

图书在版编目（CIP）数据

轻松学中文教师用书.7 / 马亚敏，李欣颖编著.
–北京：北京语言大学出版社，2013.10（2023.7 重印）
（轻松学中文）
ISBN 978-7-5619-3677-1

Ⅰ.①轻… Ⅱ.①马…②李… Ⅲ.①汉语–对外汉语教学
–教学参考资料 Ⅳ.①H195.4

中国版本图书馆CIP数据核字（2013）第239907号

书　　名　轻松学中文 教师用书 7 (QINGSONG XUE ZHONGWEN JIAOSHI YONGSHU 7)
责任编辑　黄　英
美术策划　王　宇
封面设计　王　宇　王章定
版式设计　北京鑫联必升文化发展有限公司
责任印制　邝　天

出版发行　北京语言大学出版社
社　　址　北京市海淀区学院路15号　　邮政编码：100083
网　　址　www.blcup.com
电　　话　编辑部 8610-8230 3647/3592/3395
　　　　　国内发行 8610-8230 3650/3591/3648
　　　　　海外发行 8610-8230 0309/3365/3080
　　　　　读者服务部 8610-8230 3653/3908
网上订购　8610-8230 3653（国内）/3668（海外）　service@blcup.com
印　　刷　北京虎彩文化传播有限公司
经　　销　全国新华书店

版　　次　2013年11月第1版　2023年 7 月第4次印刷
开　　本　889mm×1194mm　1/16　　印张：16.125
字　　数　304千字
书　　号　ISBN 978-7-5619-3677-1/H·13265
　　　　　07800

Easy Steps to Chinese *(Teacher's Book 7)*
Yamin Ma, Xinying Li

Editor　Ying Huang
Art design　Arthur Y. Wang
Cover design　Arthur Y. Wang, Zhangding Wang
Graphic design　Beijing XinLianBiSheng Cultural Development Co., Ltd.

Published by
Beijing Language & Culture University Press
No.15 Xueyuan Road, Haidian District, Beijing, China 100083

Distributed by
Beijing Language & Culture University Press
No.15 Xueyuan Road, Haidian District, Beijing, China 100083

First published in November 2013
Printed in China

Website: www.blcup.com

凡有印装质量问题，本社负责调换。售后QQ号1367565611，电话010–82303590

使用说明

本《教师用书》旨在为教师提供备课参考，此外，还提供了课本中大部分练习的参考答案。在指导课本教学时，我们还为一些练习配备了补充材料，以便教师在需要加强练习时使用。

在每个单元的开头，我们列出了教学目标和语言点，以便教师在备课及教学时能抓住重点，达到本单元的教学目标。为了全面测试学生对各个单元内容的掌握以及他们的语言沟通能力，我们设计了阅读（Reading）及写作（Writing）测验题。这些单元测验题参考了各国的考试形式，力求检测出学生真实的汉语知识掌握情况和语言交际能力。关于口语测试，教师可以根据实际情况，综合每课中的“根据实际情况回答问题”口语题与学生进行问答，或者出一些相关的小组讨论题、情景对话、角色扮演等来测试学生的口语能力。

在教学过程中，如果教师在完成每个单元的教学后没有充足的时间测试学生的听、说、读、写四项技能，那么，测试其中两项技能也是个好办法。比如，教师可以在第一单元结束后让学生做阅读和写作测验题，而在第二单元结束后考查学生的口语和写作能力。总之，教师可以根据需要来测试学生的综合或单项能力，同时也可达到检验教学效果的目的。

书内的试卷可以复印使用，教师可以根据实际情况来决定每题的分数及总分。

课本 7

本册共有五个单元，每个单元共有三课。

①

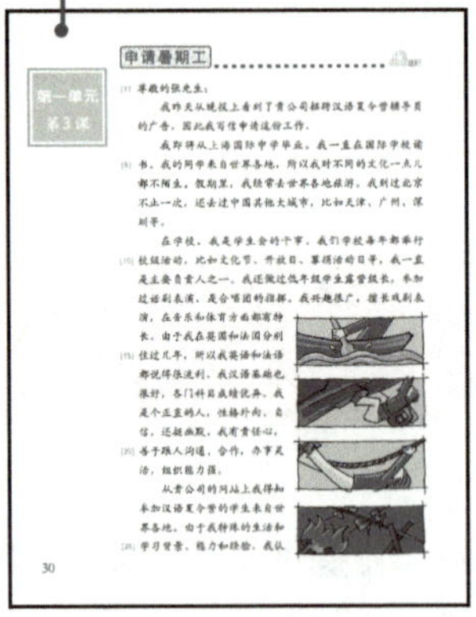

老师可以把"根据课文回答问题"当做听力理解来使用，让学生先听课文，然后回答这些问题。

②

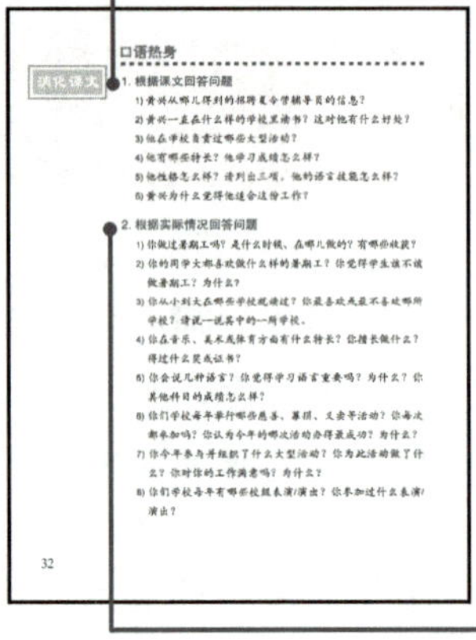

学生可以根据实际情况回答这些问题，也可以用这些问题作为主线来作口头报告。

把课文中出现的语言点归纳出来，起到复习的作用，希望学生在口语和作文中正确运用这些语言点。

③

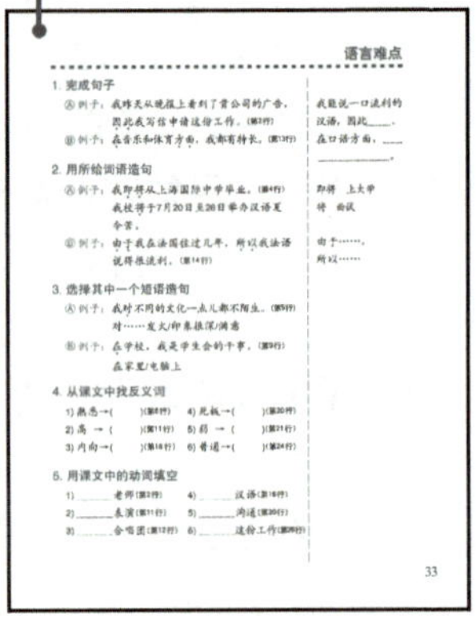

每课配有一个口语练习。

④

"参考句子"给学生提供了更多的语句和相关内容，以帮助学生做好这个口语练习。

"例子"给学生开了一个头，让学生可以顺着继续下去。

每课提供了一个写作练习。

⑤

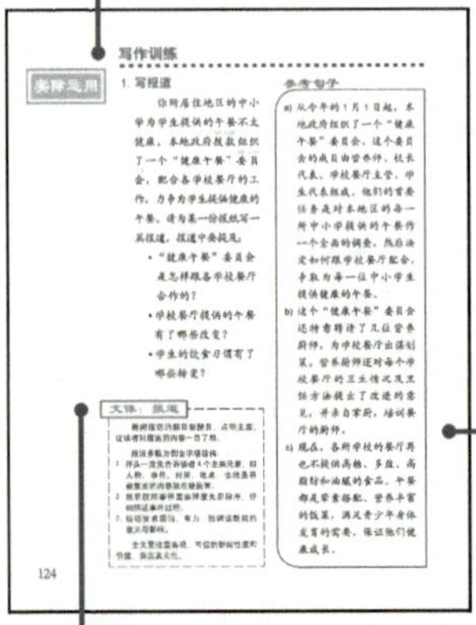

"参考句子"给学生提供语句和相关内容。

文体是用中文来介绍的，帮助学生写作时正确地使用文体。

⑥

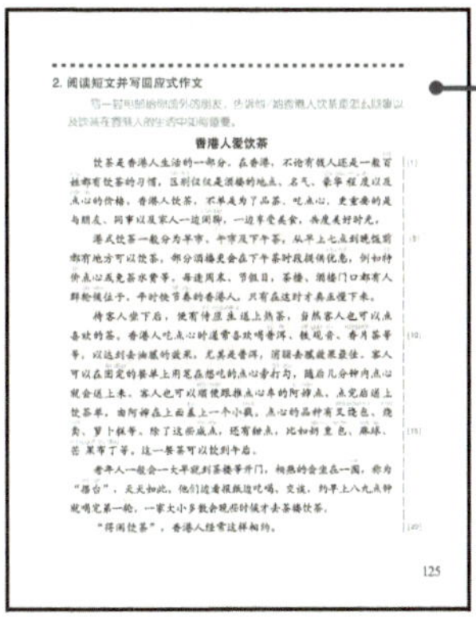

每课配有一篇用于写"回应式作文"的短文，为的是让学生在阅读理解的基础上，根据作文要求从短文中提取相关内容来写。

每课配有两篇阅读文章。

⑦

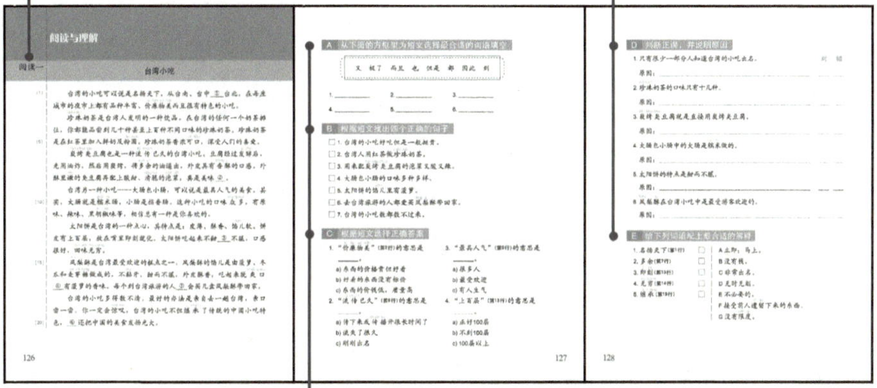

阅读文章后的题目各式各样，而且很有挑战性，能较好地检测出学生的阅读理解能力和运用语言的能力。

每个单元后面有一个复习，帮助学生更好地掌握这一单元的生词、短语和句型。

⑧

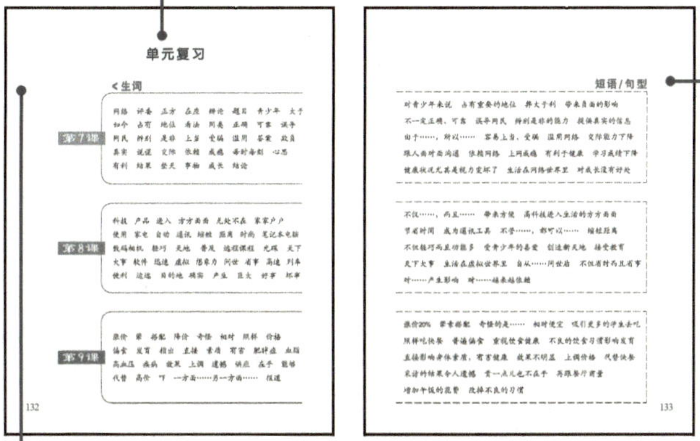

把课文中出现的常用于口语和作文的短语、句型列了出来，便于学生复习、巩固，希望学生能活用这些短语和短句。

学生可以用这个没有拼音和解释的生词表来检测自己掌握生词的程度如何。

CONTENTS 目录

第一单元

教学目标

- 能参加入学申请或招工面试
- 能就参选学生会主席发表演讲
- 能就学生会工作进行讨论，发表看法，并提出建议
- 能就学生该怎样根据自己的特长和兴趣爱好来找暑期工发表看法
- 能看懂比课文难度更大的阅读文章
- 会写非正式及正式书信（如申请信）、演讲稿、电邮、日记、记叙文

语言点

a) **贵**：我申请到贵校的医学院学临床医学专业。

b) **自从……以后**：自从上了中学以后，我开始对医学感兴趣。

c) **通过**：我相信，通过我的努力，这三门课都会取得优异的成绩。

d) **本**：我到本地一家公立医院见习。

e) **并**：我在学校专门学了紧急救护课程，并取得了证书。

f) **而且**：我对医学有热情，而且也为学医作好了一切准备。

g) **对……感兴趣**：我对医学感兴趣。

h) **对……有热情**：我对医学有热情。

i) **为了**：为了熟悉医生这个职业，我利用假期到本地一家公立医院见习。

j) **跟……合作**：我乐于接受挑战，而且能跟别人合作。

k) **对……了解**：我希望大家听完我的演讲之后，对我有一个更全面的了解。

l) **对……不太满意**：我们对学校的一些事情不太满意。

m) **跟……沟通**：我善于跟人沟通。

n) **首先……，其次……，最后……**：首先，我是同学们中的一员。其次，我参加和组织过很多活动。最后，我善于跟人沟通。

o) **如果**：如果我当上了学生会主席，我会跟学校餐厅的负责人商讨，要求他们改进。

p) **为**：学生会应该为同学们组织更多的活动。

q) **因此**：我昨天从晚报上看到了贵公司的广告，因此我写信申请这份工作。

r) **在……方面**：在音乐和体育方面，我都有特长。

s) **即将**：我即将从上海国际中学毕业。

t) **由于……所以……**：由于我在法国住过几年，所以我法语说得很流利。

u) **对……不陌生**：我对不同的文化一点儿都不陌生。

v) **在**：在学校，我是学生会的干事。

第一单元
第1课

大学入学申请

01

尊敬的招生部主任：

您好！

我叫王月，在上海国际学校读十二年级。我申请到贵校的医学院学临床医学专业。

我父母都是医生。我父亲是心脏科专家，我母亲是儿科医生。自从上了中学以后，我开始对医学感兴趣。在学校，我选修了生物、化学和物理课程。我相信，通过我的努力，这三门课都会取得优异的成绩。除了学习这些课程以外，我还参加了好几项课外活动。

为了熟悉医生这个职业，我利用假期及课余时间到本地一家公立医院见习。我还订阅医学杂志，目的是想了解医学的最新动向。我在学校专门学了紧急救护课程，并取得了证书。学校每次举行越野赛跑、田径运动会、露营等活动，我总是紧急救护小组的一员。我从中积累了不少经验，也更坚定了学医的决心。

我是一个学习勤奋、工作踏实的人。我自信、胆大、心细、有责任心。我追求完美，乐于接受挑战，而且能跟别人合作。从初中到高中，我当过班长、级长，还负责并组织过学校的开放日、文化节、筹款等活动。

我坚信自己是学医的最佳人选，因为我出身于医生家庭，对医学有热情，而且也为学医作好了一切准备。如果贵校能接受我的申请，我一定会加倍努力，把这门

提示：

① 在讲课文前建议老师带领学生复习“申请信”的写法、格式及内容顺序。

② 接下来建议老师带领学生（全班一起或先分小组）讨论：如果要申请去大学读医科专业，该怎样写申请信。

a) 第一部分：简单介绍自己，为什么对医学有兴趣，在学校的选课情况等。

b) 第二部分：为了能考取医科大学，自己作了哪些准备，包括校内的、校外的、实习等。

c) 第三部分：自己有什么特点、特长及与众不同之处。

d) 结尾部分是总结，稍加修改即可用于写其他申请信的结尾。课文的这一段最好要求学生背诵。

③ 如果让学生分组讨论，老师事先要把这几部分的主题告诉学生，讨论10-15分钟后再汇总。

④ 老师在带领学生讨论时，注意将本课出现的新词语介绍给学生。讨论完后，再带领学生学习生词表中余下的词语，然后讲解课文。如有可能，也可先放录音给学生听，甚至先看课后的问答题，再讲解课文。

学科学好。我盼望贵校能给我面试的机会。

此致

敬礼!

王月

2010年2月4日

生词

1. 招生 zhāoshēng enroll new students
*2. 贵（貴）guì your (respectfully)
3. 临（臨）lín be faced with
   临床 lín chuáng clinical
4. 医学 yī xué medical science
5. 父亲 fù qīn father
*6. 脏（臟）zàng internal organs　心脏 xīn zàng heart
7. 专家 zhuān jiā expert; specialist
8. 母亲 mǔ qīn mother
9. 儿科 ér kē (department of) paediatrics
10. 优异 yōu yì excellent; outstanding
11. 假期 jià qī vacation; holiday
12. 课余 kè yú spare time; leisure time
13. 公立 gōng lì public
14. 订阅 dìngyuè subscribe to (a newspaper, a periodical, etc.)
15. 动向 dòng xiàng trend
16. 紧急 jǐn jí urgent; emergent
   紧急救护 jǐn jí jiù hù first aid
17. 证书 zhèng shū certificate
18. 坚（堅）jiān firm　坚定 jiān dìng firm
19. 勤 qín diligent
20. 奋（奮）fèn exert oneself
   勤奋 qín fèn diligent
21. 踏 tā settle down
   踏实 tā shi steady and sure
22. 胆（膽）dǎn courage　胆大 dǎn dà bold
23. 细（細）xì thin; careful
   心细 xīn xì careful
24. 追 zhuī pursue　追求 zhuī qiú pursue
25. 完美 wán měi perfect
26. 班长 bānzhǎng class monitor
27. 开放 kāi fàng open　开放日 kāi fàng rì Open Day
28. 坚信 jiān xìn firmly believe
29. 佳 jiā good; fine　最佳 zuì jiā best
30. 人选 rén xuǎn candidate
31. 出身 chū shēn family background
32. 热情 rè qíng enthusiasm; enthusiastic
*33. 而且 ér qiě besides
34. 倍 bèi times　加倍 jiā bèi double
35. 盼 pàn hope　盼望 pànwàng long for
36. 面试 miàn shì interview
37. 敬礼 jìng lǐ send greetings

口语热身

消化课文

1. 根据课文回答问题

1) 王月写这封信的目的是什么？

2) 王月是从什么时候开始对医学感兴趣的？为了考医学院，她选修了哪些课程？

3) 为了学医，王月作了哪些准备？举两个例子。

4) 通过参加紧急救护活动，王月有哪些收获？

5) 王月的性格怎样？列举三项。

6) 王月以前组织过哪些学校活动？

答案（仅供参考）：

1) 申请到该大学的医学院学临床医学专业。

2) 自从上了中学以后，她开始对医学感兴趣。她选修了生物、化学和物理课程。

3) 她去公立医院见习，订阅医学杂志。（在学校学了紧急救护课程，取得了证书。）

4) 她积累了不少经验，更坚定了学医的决心。

5) 她勤奋、踏实、自信。（胆大、心细、有责任心。）

6) 学校的开放日、文化节、筹款等活动。

2. 根据实际情况回答问题

1) 你打算申请哪几所大学？你为什么对这几所大学感兴趣？

2) 你想在大学里学什么专业？你是从什么时候开始对这个专业感兴趣的？你是怎样在课余时间为学这个专业作准备的？

3) 你的性格有什么特点？你大学毕业后打算做什么工作？你觉得你适合做这种工作吗？为什么？

4) 你出身于什么样的家庭？你父母的工作对你有何影响？

5) 你今年选择了哪些课外活动？通过这些课外活动，你从中积累了哪些经验？

6) 你在学校负责过什么活动？你对今年学校的哪项活动最满意？你为这项活动做了什么？

7) 你见习过吗？在何时、何地做的见习？通过见习，你积累了什么经验？见习对你今后选择大学专业有什么帮助？

8) 假期你一般怎么过？如果让你选择，做义工或外出旅游，你会怎么选择？为什么？

提示：
此练习可用作单元口试部分的问答题。

1. 完成句子

Ⓐ例子：我申请到贵校的医学院学临床医学专业。（第3行）

我申请到贵公司____________。

Ⓑ例子：自从上了中学以后，我开始对医学感兴趣。（第6行）

自从这个学期以来，________。

Ⓒ例子：我相信，通过我的努力，这三门课都会取得优异的成绩。（第7行）

通过见习，______________。

Ⓓ例子：我到本地一家公立医院见习。（第11行）

本校是一所____。

Ⓔ例子：我在学校专门学了紧急救护课程，并取得了证书。（第12行）

我组织了一个慈善活动，并______。

Ⓕ例子：我对医学有热情，而且也为学医作好了一切准备。（第24行）

我不但胆大、心细，而且______。

2. 填空

Ⓐ例子：我对医学感兴趣。（第6行）

对_______了解

Ⓑ例子：我对医学有热情。（第24行）

对_______作简单的介绍

3. 选择其中一个短语造句

Ⓐ例子：为了熟悉医生这个职业，我利用假期到本地一家公立医院见习。（第10行）

为了取得紧急救护证书/获得筹款

Ⓑ例子：我乐于接受挑战，而且能跟别人合作。（第17行）

跟……说汉语/聊天儿

4. 从课文中找反义词

1) 结束→(开始)(第6行)

2) 必修→(选修)(第7行)

3) 私立→(公立)(第11行)

4) 懒惰→(勤奋)(第16行)

5) 胆小→(胆大)(第16行)

6) 冷淡→(热情)(第24行)

提示：
① 做此练习前，一定要让学生先消化课文。把课文中的内容分四部分复述一遍，再做此练习就容易多了。
② 还可以再让学生思考更多的面试问题。除了医科专业外，还可以鼓励学生根据"参考句子"中的例句提示，思考选其他专业的面试问题，例如：音乐、商务、法律、经济学、建筑学、心理学，等等。

口语训练

实际运用

角色扮演

假设你写了一封大学入学申请信给某大学。今天招生部主任要对你进行面试。你的面试要谈及以下几点：

- 打算选择的专业
- 为选择这个专业作的准备，包括课程、课外活动等
- 你的性格
- 被录取后的打算

（注：可以把课文改编成对话。）

例子：

主任：你好！我是招生部主任。我姓黄。

你：黄主任，您好！谢谢您给我这个面试的机会。

主任：你是从什么时候开始对医学感兴趣的？

你：自从上了中学以后。我出身在一个医生家庭：我爸爸是心脏科专家，我妈妈是儿科医生。

主任：那你为学医做了哪些准备工作？

你：在高中阶段，我选修了生物、化学和物理课程。这些都是学医学的必修课，而且我的成绩一直都很优秀。

主任：你对医学有哪些认识？

你：我从前年开始订阅医学杂志，电视上有关医学的节目，我是一定要看的。我对心脏科特别感兴趣。现在的医学越来越发达，在心脏科方面有很多发展的空间。

主任：你参加过哪些课外活动？

你：我参加、组织过很多校级

活动。在学校，我专门学了紧急救护课程，并获得了证书。每次学校组织大型的活动，我都是急救小组的负责人。我还在本地一家公立医院见习。

主任：你的性格怎么样？

你：我是一个学习勤奋、工作踏实的人。我很自信，胆大、心细，有责任心。我还是个完美主义者，对自己的要求特别高。

主任：讲一讲你觉得我们为什么应该录取你，好吗？

你：我为学医作好了一切准备。在学习方面，我读了学医的必修课。我对医学的新动向很了解。经过在医院三个月的见习，我更坚定了学医的决心。

主任：如果你被录取了，有什么打算？

你：除了读必修课以外，我会选修心理学和汉语。第一年的暑假，我会去北京天坛医院见习，积累经验。

主任：谢谢你来面试。我们会在下周一通知你面试结果（jié guǒ）。

你：谢谢您给我这个机会。我对医学有热情，而且我已经准备好了。我一定不会让你们失望。

参考句子

a) 我从小酷爱（kù ài）音乐。我的理想是将来做一名小提琴家。

b) 除了读这六门课程以外，我还参加了 150 个小时的课外活动。我用中文写了一篇专题论文，题目叫“中国传统节日与文化”。

c) 通过这些活动，我学会了怎样跟别人合作，还认识到只有认真才能把工作做好。

d) 虽然我的学习负担很重，还有其他任务，比如做义工、参与各种慈善活动等，但是我在高中阶段学会了怎样有效、合理地管理时间。

e) 通过这些活动，我发现自己的性格比以前开朗多了，做事比以前更有信心了，自理能力也提高了。这些活动培养了我的责任心、爱心和团队精神。在参加这些活动的过程中，我也放松了自己，减轻了压力。

f) 我对教育事业很有热情。请相信我，我一定会加倍努力，争取成为一名好老师。

写作训练

实际运用

1. 写正式的书信

假设你想去中国的一所大学参加汉语短训班。你从网上了解到了短训班的课程，但是你还有一些问题要问。请给这所大学的招生部主任写一封信，在信里你要提及：

- 你学汉语的经历及汉语水平
- 参加汉语短训班的理由
- 询问（xúnwèn）有关课程、食宿等方面的问题

参考句子

a) 我从网上看到了你们学院开设的汉语短训班。我想咨询（zīxún）一下关于课程的一些问题。

b) 我已经学了五年汉语了。我平时在学校学汉语，除此以外，每个星期还有一次补习。我大概学了一千个汉字，能读一些简单的短文。

c) 我的听力和阅读能力比较强，我希望能进一步提高口语和写作水平。

d) 我觉得汉语很有用。我相信如果我会说汉语，以后找工作会容易一些。所以，我决心把汉语学好。我会继续努力，不断提高我的汉语水平。

e) 我想知道你们能否安排我住在本地人的家里。这样的话，除了上课，我平时还可以练习口语。短训班期间你们是否会组织观光、旅游？

f) 我还想知道参加这个短训班是否有入学考试，会考哪些内容。

8

提示：

① 在做此练习前，建议老师提醒学生“正式书信”的格式。

② 老师可带领学生回顾有关学汉语的经历及汉语水平等情况。

③ 参加汉语班的理由可能有：中国发展快，工作机会多；将在大学学的课程要求学汉语；想利用暑假提高汉语水平；想利用暑假一边在中国旅游，一边学汉语，一举两得等。

④ 至于第三项内容，可询问：每天上几节汉语课，上什么课（听、说、读、写），每个班有多少学生，会不会按汉语水平分班上课，有没有考试，每个宿舍住几个人，宿舍里有什么设施，可不可以无线上网，学校餐厅提供什么菜式，学校周围有什么饭店、景点、商店、公共交通设施等。

2. 阅读下面的采访内容并写回应式作文

假设你现在在国外留学。你听说国内的一个朋友也正为出国留学作准备。写信告诉他/她应该为出国作哪些准备，并根据亲身体会提一些建议。

出国留学的挑战

（在上海的一家出国留学中心）

各位同学，今天我们有幸请来了80年代走出国门留学的王美华女士，为在座的各位解答（jiě dá）有关出国留学方面的疑问（yí wèn）。请大家欢迎。

学生1：请问王女士，您认为学生出国以前一般要作哪些准备？

王：我觉得在国内时就要把英语练好，如有可能，掌握（zhǎng wò）二外就更有利。如果口语不过关，到了国外很难跟外国学生和老师进行交流，不利于学习。还有，出国前要作好心理上的准备。由于文化上的差异，国外的一些情况跟想象中的可能不同。最后，要设法（shè fǎ）事先与那里的中国学生组织取得联系，了解一些具体的情况。

学生2：请问到了国外怎样才能尽快适应环境？

王：这也是很多留学生出国后面临（miàn lín）的第一个问题。到了国外，除了要跟中国学生接触、交往之外，还要尽量融入（róng rù）非华人的社交圈（shè jiāo quān），这样就能很快地熟悉、了解当地的文化和习俗。还有，在国外留学不能像在国内一样只管埋头（mái tóu）读书，而要主动与周围不同文化背景（bèi jǐng）的人交流。

学生3：请问拿到国外的学位后是否肯定能找到工作？

王：拿到了国外的学位并不等于你能找到工作。由于中国越来越开放以及世界经济的全球化，接受过国际化教育、具备不同文化背景的年轻人将是就业市场上的抢手（qiǎngshǒu）人才。同学们一定注意到了，如今在国内拥有国外学位的人越来越多，就业市场竞争也越来越激烈。我建议同学们毕业后尝试（cháng shì）通过实习来寻找（xún zhǎo）适合自己的就业方向。想考研的同学不一定本科毕业后马上考，可尝试工作或实习一年，同时考虑清楚将来自己到底想做什么。

提示：
建议按照非正式书信的格式来写。内容可包括：

① 告诉朋友该为出国作以下准备：
- 在国内时要把英语练好
- 如有可能，掌握二外更有利
- 英语口语要过关，这样有利于跟国外的师生交流，有利于学习
- 心理上要有准备，因为文化上的差异，国外的一些情况可能与想象中的不同
- 设法事先与目的学校的中国学生组织联系上，了解具体情况
- 到了国外，尽量融入非华人社交圈，熟悉、了解当地的文化、习俗
- 留学时不要只埋头读书，还要主动接触不同文化背景的人
- 拿到了国外的学位不能保证一定能找到工作
- 国内的就业市场竞争越来越激烈

② 对朋友的建议：
- 毕业后可通过实习来寻找适合自己的就业方向
- 如想考研，可先工作或实习一年，同时考虑清楚将来自己到底想做什么

阅读与理解

阅读一

人人都知道，热门(rè mén)专业确实(què shí)吸引不少人去学，因为热门专业的毕业生比较容易(róng yì)找___①___，工作待遇(dài yù)好，社会地位高，工资也高。然而，在选___②___专业时学生一定要考虑以下两个___③___：

1. “热门”是变化的

如果某行业人才紧缺(jǐn quē)，用人单位就会用高薪聘请(gāo xīn pìn qǐng)，所以就有很多人去学该专业，这就形成了热门专业。但是，几年后，学这个专业的人多了，就业市场不缺这方面的人才了，这个___④___也有可能成为冷门(lěngmén)。所以，这几年的热门专业过几年可能就不再热门了。

2. “热门”专业是否适合你

有些热门专业不一定适合你，所以不要头脑发热去追赶潮流(zhuī gǎn cháo liú)，而应该冷静(lěng jìng)考虑以下四个问题：

a) 该热门专业符合(fú hé)自己的___⑤___、爱好吗？如果你对该专业很感兴趣，即使这个专业将来不热门了，工作后你也会做得很好。

b) 该热门专业是否符合你的学习动机(dòng jī)？如果是，你一定会为该专业奋斗(fèn dòu)。

c) 你有___⑥___学好这个专业吗？如果没有，那么你以后也不可能做好相应(xiāngyìng)的工作。

d) 你的性格适合从事(cóng shì)这个专业的工作吗？如果不适合，最好不要学习这个专业。

当今世界，国际化程度(chéng dù)越来越高，就业市场变化很快，没有人能准确断定(zhǔn què duàndìng)三五年后什么专业会热、什么专业会冷。因此，选择适合自己的专业关系到你今后的前途(qián tú)。

10

A 从下面的方框里为短文选择最合适的词语填空

能力　方面　大学　专业
问题　回答　工作　兴趣

1. 工作　2. 大学　3. 方面
4. 专业　5. 兴趣　6. 能力

B 从右边找到最适合的部分完成下列句子

1. 目前这个专业热门(ré mén)，B
2. 如果一个人是做老师的料，F
3. 不是每个人都适合 A
4. 谁也不知道 C

A 读热门专业。
B 但不一定一直是热门专业。
C 将来哪个专业会变得热门。
D 他一定要读热门专业。
E 找工作可能会比较难。
F 他将来很有可能成为一个好老师。

C 根据短文回答问题

1. 为什么现在的年轻人喜欢读热门专业？
因为热门专业的毕业生比较容易找工作，工作待遇好，社会地位高，工资也高。

2. 热门专业过几年为什么会变成冷门(lěngmén)专业？
几年后，学这个热门专业的人多了，就业市场不缺这方面的人才了，这个专业有可能成为冷门。

3. 选择专业时，高中毕业生为什么要考虑自己的兴趣爱好？
如果毕业生对所选专业很感兴趣，即使这个专业将来不热门了，工作后也会做得很好。

4. 如果一个人读了某一个热门专业，他今后有没有可能做不好这个专业的工作？为什么？
有可能，要看这个专业的工作是否符合他的兴趣、爱好；还要看他的性格是否适合从事这个专业的工作。

D 判断正误，并说明原因

	对	错
1. 一般人认为学热门专业的大学毕业生比较容(róng)易(yì)找工作。 原因：人人都知道，热门专业……，因为热门专业的毕业生比较容易找工作。	√	
2. 由于人才市场某一个专业的人才紧(jǐn)缺(quē)，那么这个专业会变成热门专业。 原因：如果某行业人才紧缺，……，这就形成了热门专业。	√	
3. 如果你的志(zhì)向(xiàng)正好是现在的热门专业，你以后很有可能会学好这个专业，干好这一行。 原因：如果你对该专业很感兴趣，即使……，工作后你也会做得很好。	√	
4. 在选择读哪个专业时，学生不应该考虑自己的性格。 原因：你的性格适合从事这个专业的工作吗？如果不适合，最好不要学习这个专业。		√

E 用短文中的动词填空

1. 吸引（第1行）大学生
2. 考虑（第3行）就业问题
3. 聘请（第5行）校长
4. 形成（第6行）习惯
5. 成为（第7行）画家
6. 适合（第9行）当老师
7. 符合/感（第12行）兴趣
8. 选择（第21行）专业

F 为短文配题目

- [ ] 1. 大学生大都读热门专业
- [x] 2. 如何看(kàn)待(dài)热门专业
- [ ] 3. 热门专业是就业市场的需要
- [ ] 4. 热门专业跟冷门专业之间的关系

90后大学生的特点

2009年9月，中国的高校终于向期待已久的90后大学生敞开了大门。90后大学生有些什么特点呢？

他们中有些人从接到大学录取通知书那天起，就开始收到亲朋好友送来的红包以及各种实用的礼物，比如电脑、手机、数码相机及音乐播放器。这些装备在这一代人眼里已不算奢侈品了。

进入大学之前，90后的大学生提前作好了各种准备。他们有的在暑假期间考驾照、学外语，还有的外出打工赚钱。他们说打工并不仅仅是为了赚钱，重要的是通过这种方式接触社会，创造条件去适应社会，同时也锻炼自己的能力。还有的学生计划赚了钱后去外地旅游，见见世面。

大部分即将入学的大学生为自己的未来生活定了一个明确的目标。有些学生表示，上了大学后，除了努力学习，还要多关注并参加学校及社会活动，如参加社团组织或环保等公益活动。他们心里明白，如今大学毕业生就业竞争十分激烈。将来找工作时，一个人的工作经验和能力有时比学历更重要。因此，他们认为考上大学只是人生新里程的第一步。现在社会发展很快，每个人都要尽早培养能力，把握机会，这样才能争取日后成功。

针对90后的特点，一些专家提醒将要入学的大学生，第一，消费不要太超前，要学会理财，花钱不能大手大脚；第二，要自觉学习，并尝试做一个职业规划；第三，既要学会独立，又要学会如何与人打交道，与人愉快合作。

13

A 给下列词语配上最合适的解释

1. 期待已久（第1行） C
2. 奢侈品（第5行） E
3. 未来（第11行） A
4. 人生新里程（第15行） G
5. 花钱大手大脚（第19行） B

A 将来的光景。
B 很会花钱。
C 已经盼望了很长一段时间。
D 对人大方。
E 花费很多钱才能买到的东西。
F 期望过高。
G 人生中一个新的阶段。

B 判断正误，并说明原因

	对	错
1. 亲朋好友常常会用送礼的方式来祝贺那些被大学录取的学生。 原因：他们中有些人从接到大学录取通知书那天起，就开始收到亲朋好友送来的红包以及各种实用的礼物。	√	
2. 上大学之前，有些学生已经拿到了驾驶执照。 原因：进入大学之前，……他们有的在暑假期间考驾照、……。	√	
3. 有些学生打工赚了钱后去国外游山玩水。 原因：还有的学生计划赚了钱后去外地旅游，见见世面。		√
4. 每个即将入学的大学生对未来生活都制订了一个目标。 原因：大部分即将入学的大学生为自己的未来生活定了一个明确的目标。		√
5. 如今找工作时，一个人只要有学历就行了。 原因：……一个人的工作经验和能力有时比学历更重要。		√

14

C 根据短文选择正确答案

1. 90后的大学生是___a___出生的。
   a) 二十世纪九十年代
   b) 十九世纪
   c) 2009年

2. 亲朋好友送的礼物有___c___。
   a) 手机、电脑、收音机
   b) 音乐播放器(bō fàng qì)、电脑、录像机
   c) 相机(xiàng jī)、手机、电脑

3. 有些大学生上大学时会___b___。
   a) 外出旅游
   b) 参加各种各样的活动
   c) 学开车

4. 有些大学生购物不考虑___b___。
   a) 式样
   b) 他们的经济能力
   c) 父母的感受

D 从短文中选出最合适的动词填空

1. 你被北大___录取___（第3行）了，我为你高兴。
2. 我最近___接触___（第8行）了大量(dà liàng)关于中国历史的资料。
3. 进入大学后，你应该为自己___定___（第11行）一个计划。
4. 全社会应该___关注___（第12行）青年人的就业问题。
5. 我这个学期___参加___（第12行）了很多课外活动。
6. 近几十年来，中国的经济___发展___（第16行）很快。

E 根据短文回答问题

1. 已被大学录取的学生在入学前一般会作哪些准备？（列出两项）
   考驾照、学外语。(外出打工赚钱)
2. 在大学期间，除了学习以外，他们还会做些什么？（列出两项）
   关注并参加学校及社会活动，如参加社团组织或环保等公益活动。
3. 大部分新生怎样看待(kàn dài)考上大学这件事？
   他们认为考上大学只是人生新里程的第一步。
4. 在人际交往方面，一些专家给新生提出了什么建议？
   要学会如何与人打交道，与人愉快合作。

第一单元

第2课

学生会选举

老师们、同学们：

你们好！

我希望大家听完我的演讲之后，对我有一个更全面的了解，并确信我是下一届学生会主席的最佳人选。

首先，我是同学们中的一员。你们关心的事就是我关心的事。作为学生，我们对学校的一些事情不太满意。很多同学抱怨学校餐厅里卖的食物品种少，而且绝大部分都很油腻，价钱也不合理。如果我当上了学生会主席，我会跟学校餐厅的负责人商讨，要求他们改进。我们学校的厕所卫生状况也不够好，我会要求学校增加清洁的次数。除此以外，我会跟环保小组合作，经常开展节电、回收、美化校园等活动。还有，学校的娱乐活动不够丰富。学生会应该为同学们组织更多的活动，比如周末主题舞会、歌唱比赛、话剧演出等。

其次，我参加和组织过很多活动，积累了不少工作经验。我是一个诚实、工作踏实、有责任心、组织能力强的人，而且周围有

提示：

① 讲解课文之前，建议老师提醒学生"演讲稿/讲演稿/讲话稿"的写法和格式。

② 如果学生汉语水平不高，建议老师围绕课文内容讲解，让学生学会本课生词；如果学生水平较高，生词表中词语大部分已经掌握，老师就可以带领学生开拓其他思路，如除了课文中提到的有关餐厅、环保、娱乐活动等的不足外，还可涉及学校使用电脑教学、校服、学校开放日等方面。

③ 演讲稿的第二部分是介绍演讲人已为学校做过的工作，汉语水平较高的学生可在此处扩展，给出更多的细节，如参加青年奖励计划、徒步行走、运动会、文化节、音乐会等。

④ 第三部分是说明演讲人作为校方和学生之间的桥梁，会怎样发挥他的作用。如果学生汉语水平较高，也可以展开，比如办校刊、跟家长多沟通、改善学校设施、邀请校外知名人士来校演讲等。

⑤ 以上内容老师可先让学生分组讨论，也可带领全班学生一起讨论，尽量把生词表中的词语介绍给学生。之后，带领学生学习余下的词语，并讲解课文。最后做课后练习一。若想达到更好的效果，可要求学生对练习一书面作答，这样可测试学生是否真正了解了课文内容。

很多能干的同学帮助我。我相信通过我们的合作和共同的努力，一定能实现大家的愿望。

最后，我善于跟人沟通。为了配合学校的工作，我会定期跟每个班级的学生会代表开会，听取他们的意见，并把同学们的想法和建议及时转达给校方。如果大家给我这个机会，我会感到非常荣幸，并乐意为同学们服务。

谢谢大家！

生词

1. 演讲 yǎnjiǎng speech
2. 确（確）què surely
   确信 què xìn be sure
*3. 抱 bào hold
4. 怨 yuàn resentment
   抱怨 bàoyuàn complain
5. 品种 pǐnzhǒng variety
6. 绝（絶）jué most
   绝大部分 jué dà bù fen vast majority
7. 腻（膩）nì greasy
   油腻 yóu nì greasy
8. 商讨 shāngtǎo discuss
9. 状（狀）zhuàng state; shape
   状况 zhuàngkuàng condition
10. 增 zēng increase
    增加 zēng jiā increase
11. 次数 cì shù frequency
12. 开展 kāi zhǎn carry out
13. 美化 měi huà beautify
14. 校园 xiàoyuán campus
15. 舞会 wǔ huì dance; ball
16. 歌唱 gē chàng sing (a song)
17. 话剧 huà jù stage play
18. 诚（誠）chéng honest; sincere
    诚实 chéng shí honest
19. 能干 nénggàn capable; competent
20. 共同 gòngtóng common
21. 实现 shí xiàn realize; achieve
22. 愿望 yuànwàng desire; wish
23. 善于 shàn yú be good at
24. 定期 dìng qī regularly
25. 班级 bān jí class
26. 想法 xiǎng fǎ idea; opinion
27. 及时 jí shí timely
28. 转达 zhuǎn dá pass on
29. 荣（榮）róng honour　荣幸 róngxìng be honoured

口语热身

消化课文

1. 根据课文回答问题

1) 同学们对学校的哪些事情不满意？列出至少两项。
2) 演讲者从哪几个方面来说服同学们他是学生会主席的最佳人选？
3) 同学们对学校的餐厅有哪些不太满意的地方？
4) 如果能当上学生会主席，演讲者会在环保方面做些什么工作？
5) 如果能当上学生会主席，演讲者将怎样丰富同学们的课余生活？
6) 如果能当上学生会主席，演讲者将怎样跟学生及校方沟通？

答案（仅供参考）：

1) 餐厅里卖的食物、厕所卫生状况。（环保工作、娱乐活动。）
2) 三个方面：第一，他是同学们中的一员；第二，他参加和组织过很多活动，积累了不少工作经验；第三，他善于跟人沟通。
3) 学校餐厅里卖的食物品种太少，绝大部分食物都很油腻，食物价格不合理等。
4) 他会跟环保小组合作，经常开展节电、回收、美化校园等活动。
5) 为同学们组织更多的活动，比如周末主题舞会、歌唱比赛、话剧演出等。
6) 定期跟每个班级的学生会代表开会，听取他们的意见，并把同学们的想法和建议及时转达给校方。

2. 根据实际情况回答问题

1) 你们学校组织学生会选举吗？选举在每年的什么时候举行？哪个年级的学生可以参与学生会主席的选举？
2) 今年谁是你们学校的学生会主席？你觉得他/她是最佳人选吗？为什么？
3) 你们学校的学生会主席主要负责哪些活动？列出至少两项。
4) 你们学校的餐厅受学生欢迎吗？学生们对餐厅的服务满意吗？他们经常抱怨什么？
5) 你们学校的卫生状况好不好？平时教室里干净吗？有哪些需要改进的地方？
6) 你们学校经常开展哪些节电、回收及美化校园的活动？你参加过哪些活动？在环保方面，你觉得还有哪些需要改进的？
7) 你们学校每年都举行哪些大型的活动？哪些活动最受欢迎？你参加并组织过学校的哪些活动？从中学到些什么？
8) 你能跟周围的同学合作吗？假如你今年做了学生会主席，你会为学校做些什么？

18

提示：
此练习可用作单元口试部分的问答题。

1. 填空

Ⓐ例子：我希望大家听完我的演讲之后，对我有一个更全面的了解。（第3行）

我们对学校的一些事情不太满意。（第6行）

Ⓑ例子：我会跟环保小组合作。（第11行）

对______熟悉

对______要求很高

对______满意

跟______见面

跟______联络

2. 用带点的词语模仿例子造句

Ⓐ例子：首先，我是同学们中的一员。（第5行）

其次，我参加和组织过很多活动。（第18行）

最后，我善于跟人沟通。（第28行）

Ⓑ例子：如果我当上了学生会主席，我会跟学校餐厅的负责人商讨，要求他们改进。（第8行）

继父把我当做自己的亲生女儿。

3. 完成句子

例子：学生会应该为同学们组织更多的活动。（第12行）

学校应该为学生开设__________。

4. 从课文中找反义词

1) 片面→（全面）（第3行）

2) 不满→（满意）（第6行）

3) 清淡→（油腻）（第8行）

4) 减少→（增加）（第10行）

5) 单调→（丰富）（第12行）

6) 首先→（最后）（第28行）

5. 用课文中的动词填空

1) 增加 次数（第10行）

2) 组织 活动（第13行）

3) 参加 比赛（第18行）

4) 积累 经验（第20行）

5) 实现 愿望（第27行）

6) 听取 意见（第29行）

19

口语训练

实际运用

角色扮演

在这个口语练习中有三个角色：学生会主席，学生1和学生2。学生会主席顺利获选，他/她跟他/她的团队商量学生会应该怎样安排今后的工作。他们的讨论要谈及以下几点：

- 帮助改善餐厅的食品供应
- 帮助改善厕所卫生
- 开展节约用电、用水活动
- 开展回收、利用活动
- 绿化、美化校园
- 组织丰富多彩的娱乐活动
- 配合学校的工作
- 定期召开学生代表会，听取意见和建建议，并及时转达给校方

例子：

学生1：恭喜你成功当选为学生会主席。

主席：谢谢大家。没有大家的支持，我肯定选不上。我还需要你们继续支持。我们还有很多工作要做。

学生2：别担心，我们会一起合作、一起努力。我相信我们一定能把工作做好。

主席：我们先计划一下今年有哪些事情要做。

学生1：我认为现在头等重要的事是同学们的健康，所以我们要尽快跟学校餐厅沟通，让他们赶快改善食物供应。

主席：你说得对。我觉得学校的厕所卫生状况也很差，我们应该建议学校每天增加清洁厕所的次数。

学生2：还有，午饭过后我们发现教室里和餐厅里都很脏，垃圾到处都是。学校的回收箱也不够，学生浪费水、电的现象比

提示：

① 此练习的内容比较综合，要求学生对学校比较了解，也要对学生会的责任比较熟悉。

② 此题可直接让学生按题目所列出的内容进行口头复述，也可根据学校的具体情况加以调整，也可以加入一至二人，并加入更多内容，比如对校服提出改进建议、对低年级同学的读书计划提出建议，建议增加体育设施、设立奖励与惩罚制度，等等。还可以根据“参考句子”再展开。

较严重。我们应该定一个目标，比如说下个月节约10%的水电费。

主席：在绿化、美化学校方面，我们应该在学校周围植树、种花，把餐厅的旧桌椅换成新的，把餐厅的墙壁粉刷一下。这样学生的学习、生活环境就更好了。

学生1：我们每个月应该为低年级的同学组织一次周末主题舞会，为他们提供社交、娱乐的机会。

学生2：我很赞成你刚才说的。我还觉得学生会应该定期跟每个班的班长开会，听听他们的意见和想法，并及时转告给校方。

学生1：我们也应该常跟家长教师协会联系，听听他们对学校有什么看法及建议。学生会一定要跟校方、家长教师协会密切合作，积极配合学校的工作。

主席：看来，我们今年有很多工作要做。

……

参考句子

a) 下个月我们学校要举办义卖会，我们得赶快动手准备。学生会每年都负责组织学生表演、有奖比赛、募捐、美食摊等活动，我们应该想办法把今年的义卖会办得更好。

b) 学生会成员可以分成几个小组，有人负责做广告、宣传工作；有人负责布置学校；有人负责安排当天的食物义卖；有人组织学生乐队表演、歌唱比赛、时装表演等；有人组织每个班级的摊位；还有人安排当天的清理工作。

c) 我们可以要求每个班级在一年内至少开展一次慈善活动，比如义卖糕饼、二手货义卖等。

d) 高年级的同学应该为低年级的同学多组织一些丰富多彩的课外活动，一方面丰富低年级同学的课余生活，另一方面可以培养高年级同学的组织、领导能力。

21

提示：
① 这是一封非正式电邮。
② 此电邮主要分为两大部分：对校长、学生会工作不满意之处；参选下一届学生会主席的理由。
③ 不满意之处除"参考句子"中提到的外，还可将课本第20页口语训练中的内容加进去。至于参选理由，则可包括"参考句子"中的d)，把自己能胜任此工作的理由、自己的优势和强项列出来，可参考课本第2页第一课课文中的内容。
④ 最后，千万不要忘记要问问朋友的意见。

写作训练

实际运用

1. 写电邮

写一封电邮给你在远方的朋友，告诉他/她你对学校的一些事情不满意，并表示自己有意参选下一届学生会主席。你的电邮要提及以下几个方面：

- 对校长、学生会工作不满意
- 有意参选下一届学生会主席的理由
- 希望听听朋友的意见

参考句子

a) 好久没有跟你联络了。你近来怎么样？
b) 我不太喜欢我们学校的新任校长，有不少同学也不喜欢他/她。他/她的有些想法、做法不太现实，有时候太严格。他/她还规定所有的高中生都要穿校服到学校。
c) 现任学生会主席很少跟其他学生会会员开会。他们在选举时保证要做的事都没有做到。有些学生会会员的组织能力和办事能力挺强的，但是他们之间的合作不好。学生会主席挺能干的，但是靠他一个人也是办不好事情的。
d) 我在这个学校已经有五年了。如果我能当选学生会主席，是有能力领导学生会的，并能跟所有成员合作。我还会经常跟校方及家长教师协会沟通。
e) 我们是多年的老朋友，你对我最了解了。我很想听听你的看法和建议。

2. 阅读短文并写回应式作文

写一封申请信，表示你想参加第一届中国青年领袖大会，并说明为什么想参加，然后根据你的实际情况提出一些具体问题。

第一届中国青年领袖大会

由五位北京大学政法系毕业生倡导并组织的第一届中国青年领袖大会将于2010年12月9日至12日在北京大学召开。此大会计划每年举行一次，其目的是为关心国家及世界大事的有志青年大学生提供一个平台，培养他们的领导才能。

第一届中国青年领袖大会期望吸引200~300名大学生参加。以下是五天的议程安排：

第一天：参观北京市人民政府办公厅，并与政府官员讨论全球化对中国的影响以及如何保持中国的文化传统。

第二天：分析中国目前的环境污染问题及环境保护措施，并对今后如何更好地做好环保工作交换建议和看法。

第三天：参观外交学院，并跟外交学院专家就中国在国际舞台上的地位、与各国之间的关系及最近发生的国际重大事件进行讨论。

第四天：对中国的法律条款，比如死刑、反贪污法等进行讨论并交换看法。

第五天：拜访知名教育家，跟他们一起讨论、分析中国目前的高考制度、高等教育、就业等问题并交换建议及看法。

申请方法：有意者（年级不限）需在2010年10月10日之前写一封申请信，并附上个人简历以及所在大学的推荐信。入选者将收到大会组织者的回复。

报名方式：发电邮(ylchelpdesk@gmail.com)
或传真(0086-10-2659 4740)

联 系 人：林小姐

电　　话：0086-10-2659 4738/4739

报 名 费：人民币1500元。(来京参会的往返交通费用自理。)

食宿安排：入住北大招待所，两人一间，提供三餐。

23

提示：
建议学生按照正式书信（申请信）的格式来写。内容可包括：

① 申请参加第一届中国青年领袖大会

② 想参加的原因：
- 自己是关心国家及世界大事的有志青年
- 希望培养自己的领导才能
- 关注全球化对中国的影响以及如何保持中国的文化传统
- 关注中国目前的环境污染问题及环境保护措施
- 关注中国在国际舞台上的地位、与各国之间的关系及最近发生的国际重大事件
- 关注中国的法律条款，如死刑、反贪污法等
- 关注中国目前的高考制度、高等教育、就业问题等

③ 提出具体的问题：
- 高中毕业、即将进入大学的准大学生可否参加此大会
- 12月北京的天气情况怎么样
- 大会期间有无机会游览北京
- 大会是否提供素食
- 是否免费提供住宿

……

阅读与理解

阅读一　如何丰富大学生活

第一段　各位老师、同学：

第二段　大家好！

第三段　如何度过未来(wèi lái)四年的大学生活是每个大学新生都要面对的一个问题。对这个问题的不同认识和态度将影响到四年之后的人生道路(dào lù)。不同的人生理想和规划(guī huà)将带来不同的结果(jié guǒ)。

第四段　大学是人生中一个关键(guān jiàn)的阶段。从入学的第一天起，我们每个人就应当对大学生活有一个正确(zhèng què)的认识和规划，应当制订(zhì dìng)__①__自己的目(mù)标(biāo)，使四年的生活过得充实(chōng shí)、丰富。

第五段　我早已为自己的四年大学生活定了计划。第一，从大一__②__我就努力学习，争取各门功课都__③__优异的成绩。我认为，在大学阶段学习仍(réng)然(rán)非常重要。我还要培养自己的自学能力，因为大学跟中学是不同的，在大学里，学习主要靠自己。第二，我还要__④__学汉语。我相信掌握(zhǎng wò)一门外语对今后工作很有利。我计划大学毕业后到中国去进修(jìn xiū)或者读硕(shuò)士(shì)。第三，除了学习以外，我还要尽自己所能担任(dān rèn)一定的职务(zhí wù)，多__⑤__、参加一些校园及社会活动，这样既可以锻炼组织能力和语言表达(biǎo dá)能力，又可以增强(zēngqiáng)自信及适应(shì yìng)社会的能力。第四，在现代社会，人际(rén jì)关系很重要。如果我能多参加活动，多与别人__⑥__，就能提高自己的__⑦__能力。第五，我要继续保持自己良好的品质(pǐn zhì)。现在，企业(qǐ yè)用人首先__⑧__的是一个人的品质，例如吃苦耐劳(chī kǔ nài láo)、正直(zhèng zhí)诚实、具有团队合作精神等。

第六段　大学生活马上就要开始了。我既兴奋(xīng fèn)又紧张。我坚信我的大学生活将过得丰富多彩。四年后，我再向在座(zài zuò)的老师、同学汇报(huì bào)！

第七段　谢谢大家！

24

A 从下面的方框里为短文选择最合适的词语填空

适合	取得	影响	开始	结束
	继续	组织	沟通	考虑	接触

1. 适合　2. 开始　3. 取得　4. 继续

5. 组织　6. 接触　7. 沟通　8. 考虑

B 根据短文选择正确答案

1. “未(wèi)来(lái)四年”(第3行)的意思是 b 。
   a) 在过去的四年里
   b) 在今后的四年里
   c) 在四年的时间里

2. “进(jìn)修(xiū)”(第13行)的意思是 c 。
   a) 见习
   b) 工作
   c) 继续读书

3. “担任(dān rèn)一定的职务(zhí wù)”(第14行)的意思是 b 。
   a) 做义工
   b) 负责做一些事或工作
   c) 做一个职员(zhí yuán)

4. “在座(zài zuò)的老师”(第21行)的意思是 a 。
   a) 坐在下面听演讲的老师
   b) 没有座位，只能站着的老师
   c) 教过自己的老师

C 根据短文找出四个正确的句子

- [ ] 1. 演讲者四年大学毕业后有可能留在学校教书。
- [x] 2. 演讲者是一个事先定计划，做事有条理(tiáo lǐ)的人。
- [ ] 3. 演讲者是一个不诚实的人。
- [x] 4. 这是一篇演讲稿(gǎo)。
- [x] 5. 演讲者是一个刚上大学的新生。
- [ ] 6. 演讲者已经大学毕业四年了。
- [x] 7. 演讲者有信心把四年大学生活过得充实(chōng shí)、丰富。

D 判断正误，并说明原因

	对	错
1. “我”在四年大学期间会重视(zhòng shì)各科学习。 原因：从大一开始我就努力学习，争取各门功课都取得优异的成绩。	√	
2. 在大学里，“我”会抽出时间去读一个硕士(shuò shì)学位。 原因：我计划大学毕业后到中国去进修或者读硕士。		√
3. “我”相信多组织、参加各种活动能锻炼组织能力。 原因：我还要尽自己所能……，多组织、参加一些校园及社会活动，这样既可以锻炼组织能力……。	√	
4. “我”认为一个品德高尚(gāoshàng)的人将来比较容易找工作。 原因：现在，企业用人首先考虑的是一个人的品质，……。	√	

E 从短文中找反义词

1. 过去→(未来)(第3行)
2. 次要→(主要)(第12行)
3. 古代→(现代)(第16行)
4. 虚伪(xū wěi)→(诚实)(第19行)
5. 平静→(兴奋)(第20行)
6. 轻松→(紧张)(第20行)

F 从右边的段落大意中找出最合适的

1. 第一、二段 D
2. 第三段 H
3. 第四段 F
4. 第五段 E
5. 第六段 G
6. 第七段 B

A 演讲者对新生的一次讲话。
B 演讲的结束语。
C 演讲者大学毕业后的计划。
D 演讲的开场白。
E 演讲者四年大学生活的具体规划(guī huà)。
F 一个适当(shì dàng)的规划保证(bǎozhèng)大学生活过得充实。
G 演讲者有信心四年大学后将用漂亮的“答卷(dá juàn)”作为汇报(huì bào)。
H 对大学生活不同的认识和态度将会产生不同的结果(jié guǒ)。

26

模拟联合国（MUN）

第一段

“模拟联合国”的活动源自美国，在欧美已有60多年的历史。在世界上，模拟联合国很受学生的喜欢。自诞生至今，模拟联合国已吸引了全球超过20万名大学生和高中生。全世界每年举办近400个模拟联合国会议。90年代中期，模拟联合国进入了中国。

第二段

模拟联合国关注的问题很广，大都是当今各国面临的热点问题。话题主要包括：和平与安全、恐怖主义、人权、环境、贫穷与发展、全球化、公共卫生等。在模拟联合国会议上，学生们扮演各个国家的外交官，按照类似联合国会议的规则和程序进行发言、辩论、谈判，最后达成共识。

第三段

模拟联合国为学生们打开了一扇窗，提供了一个舞台，让青年人关心世界，用国际眼光来思考问题，讨论问题。青年们通过深入分析国际时事来增强对世界的关注、加深对重大事件的理解。通过了解和参与模拟联合国活动，学生们能认识自己祖国之外的广大的世界，从中培养领导能力。模拟联合国大会让参与者学会以多元化的思维来思考问题，从一名“世界公民”的角度去思考国际争端。通过在模拟联合国中的实战，参与者运用谈判技巧，充分表达自己的观点。

第四段

当然，在模拟联合国会议上，青年人对世界的认识还很不成熟，他们在会场上的讨论大多是运用从书本上学到的知识或受媒体的影响，无法像真正的外交家、法官那样去解决国际纠纷。但是通过这些会议的平台，青年人能够看清自己的不足，认清今后的努力方向。

27

A 从右边的段落大意中找出最合适的

1. 第一段 D
2. 第二段 A
3. 第三段 F
4. 第四段 B

A 模拟联合国(mó nǐ lián hé guó)活动关心的问题及会议(huì yì)形式。

B 通过参加模拟联合国活动，学生对自己的能力及未来的努力方向更清楚了。

C 模拟联合国活动深受每个国家学生的喜爱。

D 模拟联合国活动的起源(qǐ yuán)及在全球的规模(guī mó)。

E 模拟联合国活动的不足之处。

F 模拟联合国活动作为一个平台(píng tái)，学生从参与中得到了锻炼。

B 根据短文找出四个正确的句子

- [√] 1. 最初的模拟联合国活动是从美国开始的。
- [√] 2. 在世界各地，每年都有几百场模拟联合国会议召开。
- [√] 3. 在模拟联合国会议上，青年人有机会锻炼他们的口头表达(biǎo dá)能力。
- [ ] 4. 通过参加模拟联合国活动，青年们对本国的事务(shì wù)更关心了。
- [√] 5. 在中国也有模拟联合国活动。
- [ ] 6. 只有高中生才能报名参加模拟联合国活动。
- [ ] 7. 在模拟联合国会议上，青年人很少有机会扮演(bàn yǎn)不同的官员(guānyuán)。

C 从短文中选出最合适的动词填空

1. 模拟联合国活动_吸引_（第2行）了很多大学生参加。
2. 模拟联合国活动给学生_提供_（第10行）了锻炼表达能力的好机会。
3. 全社会应该_关心_（第11行）青少年的成长。
4. 青年人应该_理解_（第12行）父母为什么对他们管得严。
5. 在参加模拟联合国活动的过程中，我_认识_（第13行）了不少朋友。
6. 国际纠纷(jiū fēn)很难_解决_（第19行），需要各国的合作。

D 根据短文选择正确答案

1. “自诞生至今”（第2行）的意思是 __c__。
   a) 成立已经很久了
   b) 今天诞生
   c) 自从成立到今天
2. “近”（第3行）的意思是 __b__。
   a) 超过
   b) 不到
   c) 最近
3. “打开了一扇窗”（第10行）的意思是 __a__。
   a) 提供了解世界的机会
   b) 为进入大学读书创造了机会
   c) 为进入联合国工作提供方便
4. “世界公民”（第15行）的意思是 __c__。
   a) 联合国的工作人员
   b) 外交官
   c) 生活在地球上的一员

E 从右边找到最适合的部分完成下列句子

1. 模拟联合国活动 D
2. 中国从90年代中期 C
3. 在模拟联合国会议上， A
4. 青年人通过 F

A 参与者有机会充分发表他们的观点。
B 和平与安全、人权、环境等问题。
C 才开始有模拟联合国活动。
D 在美国已经有60多年的历史了。
E 认清今后的努力方向。
F 参与模拟联合国活动认识了外面的世界。

F 根据短文回答问题

1. 参加了模拟联合国活动后，学生看问题的眼光会有什么变化？
   他们会用国际眼光来思考问题，讨论问题。
2. 在模拟联合国会议上，学生们是通过什么方式达成共识的？
   他们扮演各个国家的外交官，按照类似联合国会议的规则和程序进行发言、辩论、谈判，最后达成共识。
3. 通过参加模拟联合国活动，参与者提高了哪方面的能力？
   领导能力、谈判技巧、口头表达能力等。
4. 在模拟联合国会议上，为什么参与者对国际问题的看法不成熟？
   因为青年人对世界的认识还很不成熟，他们在会场上的讨论大多是运用从书本上学到的知识或受媒体的影响。

第一单元
第3课

申请暑期工

03

尊敬的张先生：

我昨天从晚报上看到了贵公司招聘汉语夏令营辅导员的广告，因此我写信申请这份工作。

我即将从上海国际中学毕业。我一直在国际学校读书。我的同学来自世界各地，所以我对不同的文化一点儿都不陌生。假期里，我经常去世界各地旅游。我到过北京不止一次，还去过中国其他大城市，比如天津、广州、深圳等。

在学校，我是学生会的干事。我们学校每年都举行校级活动，比如文化节、开放日、募捐活动日等，我一直是主要负责人之一。我还做过低年级学生露营级长，参加过话剧表演，是合唱团的指挥。我兴趣很广，擅长戏剧表演，在音乐和体育方面都有特长。由于我在英国和法国分别住过几年，所以我英语和法语都说得很流利。我汉语基础也很好，各门科目成绩优异。我是个正直的人，性格外向、自信，还挺幽默。我有责任心，善于跟人沟通、合作，办事灵活，组织能力强。

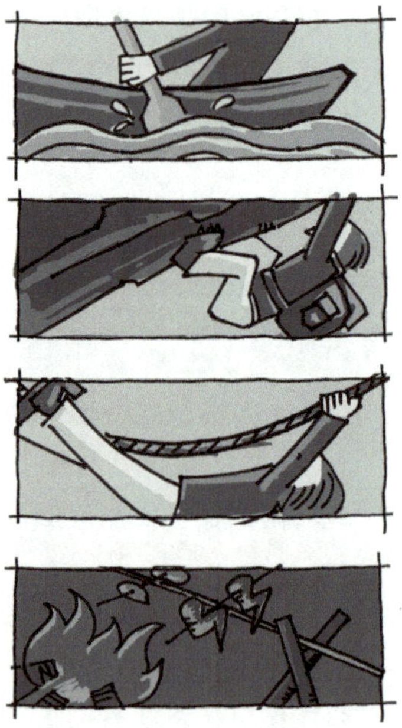

从贵公司的网站上我得知参加汉语夏令营的学生来自世界各地。由于我特殊的生活和学习背景、能力和经验，我认

30

提示：

① 本课文是一封申请信，所以不妨再提示学生一下申请信的写法。

② 在讲解课文之前，可让学生分小组讨论，也可以带领全班学生一起讨论："申请到国内一家公司当汉语夏令营辅导员"需要具备什么条件？这里涉及三个层次：a)公司在国内；b)是汉语夏令营；c)做辅导员。这就需要对中国有所了解、汉语水平较高，以及适合做辅导员的特性。更详细的内容还应考虑因为是"汉语夏令营"，来参加的大多应是外国学生，因此申请人应具有国际背景，对其他文化不陌生，再加上对中国的情况比较熟悉，就是理想的候选人了。至于申请人所应具备的个人能力、条件，可让学生参考第一、二课中的部分内容，使申请信内容更充实。

③ 老师在跟学生汇总讨论内容时，尽量把课本生词提示出来，如没机会则留在最后单独讲解。

④ 之后，老师可带领学生通读课文，并适当加以讲解。建议学生背诵课文的结尾部分，把它变成自己的语言。最后做课后练习一，建议让学生先书面作答，再口头回答。

为自己很适合这份工作，也相信自己能胜任这份工作。我也一定会珍惜这次宝贵的工作机会。如果需要推荐信，请跟我的学校联系。

盼望早日得到答复。

此致

敬礼！

黄兴

五月十四日

生词

1. wǎnbào 晚报 evening paper
2. pìn 聘 employ; hire　zhāo pìn 招聘 recruit
3. jí jiāng 即将 soon
4. mò 陌 road　mò shēng 陌生 unfamiliar
5. bù zhǐ 不止 more than
6. tiān jīn 天津 Tianjin (one of the four municipalities directly under the Central Government in China)
7. guǎngzhōu 广州 Guangzhou (provincial capital of Guangdong Province)
8. shēnzhèn 深圳 Shenzhen (a city in Guangdong Province)
9. gàn shì 干事 person in charge
10. jǔ xíng 举行 hold
11. mù 募 raise; collect
    mù juān 募捐 make or take up a collection
12. hé chàngtuán 合唱团 choir
13. huī 挥（揮） wave　zhǐ huī 指挥 conduct
14. shàn 擅 be good at　shàncháng 擅长 be good at
15. tè cháng 特长 strong point; merit
16. fēn bié 分别 respectively
17. liú lì 流利 fluent
18. chǔ 础（礎） plinth　jī chǔ 基础 foundation
19. zhèng zhí 正直 morally upright
20. wài xiàng 外向 extrovert
21. yōu mò 幽默 humourous
22. líng 灵（靈） quick; smart
    líng huó 灵活 quick; flexible
23. dé zhī 得知 get to know
24. shū 殊 different　tè shū 特殊 special
25. bèi jǐng 背景 background
26. shèng rèn 胜任 competent; qualified
27. zhēn 珍 value highly
*28. xī 惜 cherish　zhēn xī 珍惜 cherish
29. bǎo guì 宝贵 valuable
30. tuī 推 push; elect
31. jiàn 荐（薦） recommend
    tuī jiàn 推荐 recommend
32. dá fù 答复 reply

31

口语热身

消化课文

1. 根据课文回答问题

1) 黄兴从哪儿得到的招聘夏令营辅导员的信息？
2) 黄兴一直在什么样的学校里读书？这对他有什么好处？
3) 他在学校负责过哪些大型活动？
4) 他有哪些特长？他学习成绩怎么样？
5) 他性格怎么样？请列出三项。他的语言技能怎么样？
6) 黄兴为什么觉得他适合这份工作？

答案（仅供参考）：
1) 晚报上。
2) 国际学校。对不同的文化一点儿都不陌生。
3) 文化节、开放日、募捐活动日等。
4) 他擅长戏剧表演，在音乐和体育方面都有特长。他各门科目成绩优异。
5) 他性格外向、自信、幽默。他英语和法语都说得很流利，汉语基础也很好。
6) 由于他特殊的生活和学习背景、能力和经验，他认为他很适合这份工作。

2. 根据实际情况回答问题

1) 你做过暑期工吗？是什么时候、在哪儿做的？有哪些收获？
2) 你的同学大都喜欢做什么样的暑期工？你觉得学生该不该做暑期工？为什么？
3) 你从小到大在哪些学校就读过？你最喜欢或最不喜欢哪所学校？请说一说其中的一所学校。
4) 你在音乐、美术或体育方面有什么特长？你擅长做什么？得过什么奖或证书？
5) 你会说几种语言？你觉得学习语言重要吗？为什么？你其他科目的成绩怎么样？
6) 你们学校每年举行哪些慈善、募捐、义卖等活动？你每次都参加吗？你认为今年的哪次活动办得最成功？为什么？
7) 你今年参与并组织了什么大型活动？你为此活动做了什么？你对你的工作满意吗？为什么？
8) 你们学校每年有哪些校级表演/演出？你参加过什么表演/演出？

提示：
此练习可用作单元口试部分的问答题。

1. 完成句子

Ⓐ 例子：我昨天从晚报上看到了贵公司的广告，因此我写信申请这份工作。(第2行)

我能说一口流利的汉语，因此_____。

Ⓑ 例子：在音乐和体育方面，我都有特长。(第13行)

在口语方面，__________。

2. 用所给词语造句

Ⓐ 例子：我即将从上海国际中学毕业。(第4行)
我校将于7月20日至26日举办汉语夏令营。

即将　上大学
将　面试

Ⓑ 例子：由于我在法国住过几年，所以我法语说得很流利。(第14行)

由于……，
所以……

3. 选择其中一个短语造句

Ⓐ 例子：我对不同的文化一点儿都不陌生。(第5行)
对……发火/印象很深/满意

Ⓑ 例子：在学校，我是学生会的干事。(第9行)
在家里/电脑上

4. 从课文中找反义词

1) 熟悉→(陌生)(第6行)　4) 死板→(灵活)(第20行)
2) 高 → (低)(第11行)　5) 弱 → (强)(第21行)
3) 内向→(外向)(第18行)　6) 普通→(特殊)(第24行)

5. 用课文中的动词填空

1) _招聘_老师(第2行)　4) _说_汉语(第16行)
2) _参加_表演(第11行)　5) _善于_沟通(第20行)
3) _指挥_合唱团(第12行)　6) _适合/胜任_这份工作(第26行)

33

口语训练

实际运用

小组讨论

讨论学生怎样才能找到适合自己特长和兴趣爱好的暑期工。讨论的内容应包括以下几点：

- 看看自己有哪些特长、爱好以及办事的能力
- 怎样找到合适的暑期工
- 面试时要注意什么

例子：

学生1：我今年想找一份暑期工，可是我从来没做过，所以不知道怎么去找，也不知道怎样准备面试。

学生2：最近，我在报纸上看到一则招聘设计助理(zhù lǐ)的广告。你画画儿画得好，又在学校学过设计课程，我觉得你可以试试申请这份工作。

学生1：那好吧，我先写封申请信寄去。我觉得你很容易就能找到暑期工。你中英文都说得很流利，而且你的数理化学得都好。我建议你去做家教。

学生3：我敢肯定孩子们一定会喜欢你，因为你很幽默，办事灵活，而且有爱心。你可以从早补到晚，赚(zhuàn)大把的钱。

学生2：这不把我累死！我相信只要做喜欢的事，我一定能做好。但是，我也不希望整个暑假都打(dǎ)工(gōng)，我还是希望有一点

34

提示：

① 学生可根据“例子”的形式和内容展开讨论，但要讨论十分钟，这些内容还不够，可以再补充。

② 老师可让学生在讨论之前，先把自己的特长（音乐、体育、美术、表演等）列出来；把青年人可做的义工种类列出来，比如：去养老院、孤儿院、智障学校、贫困地区学校、灾区、动物保护协会、植树、环保等。然后根据学生各自的特点来分配工作。

③ 至于找义工的途径，还有：当地报纸的广告、同学的父母、学校社工，学生也可以直接把自己的简历寄给一些机构。

④ 面试时要根据工作的要求来说自己的优势，说话时要大声、自信，要对应聘单位有所了解，如能向对方提一两个问题就更好了。

⑤ 最后组织讨论十分钟。

儿自己的时间。

学生3：我在音乐、戏剧表演方面有特长，所以想去一个音乐主题夏令营当辅导员。我认为暑期工要适合自己的特长和兴趣，这样才能从中获益(huò yì)。

学生1：除了看报纸，我们还可以从哪儿得到招聘暑期工的信息？

学生2：你可以上网找，但是网上的信息不一定可靠(kě kào)。申请之前，一定要先打电话或亲自去用人单位(dān wèi)看看，千万别上当(shàngdàng)、受骗(shòupiàn)。

学生3：你也可以问问熟人或父母的同事。

学生1：听说申请暑期工的人挺多，面试要有技巧。你们能不能给我一些建议？

学生2：去面试一定要提前到，不能迟到(chí dào)。面试那天，要穿比较正式(zhèng shì)的衣服，要尽量把自己的优点说出来。

学生3：推荐信很重要。你要找一个了解你的人写推荐信。

参考句子

a) 做暑期工最主要的是在工作中锻炼自己，学会怎样跟人沟通、合作。通过做暑期工，我们能提高处理、解决问题的能力。最后，我们还能赚一些零用钱(língyòngqián)。

b) 我也想去夏令营做辅导员。我的特长是体育，特别是野外活动，比如爬山、划船(huá chuán)、露营等。

c) 如果能把做暑期工跟见习结合在一起，那是最理想的。比如说，我今后想做律师，我可以在暑假里一边打工赚钱，一边积累工作经验，那真是一举两得(yì jǔ liǎng dé)。

d) 我建议你找一份自己喜欢的工作。如果一个人只是为了赚钱，做他不喜欢的工作，那么我觉得这是浪费时间。

e) 我将来想做会计师。今年暑假我想去会计事务所见习。如果我喜欢会计工作，我就继续往这个方向发展。所以说，做暑期工是一个尝试(cháng shì)的好机会。

35

提示：

① 此写作练习要求写申请信，因此是正式书信格式。老师可事先提醒学生正式书信的格式：

a) 申请的理由/目的；

b) 申请的内容，要直截了当地写明；

c) 申请的具体要求（工作内容、时间等）。

② 申请的事项和理由要写得简明、全面，让读者清楚申请人的意愿。结尾要表达出恳切的愿望，可用"不胜感激"、"非常感谢"等。

写作训练

实际运用

1. 写申请信

写一封申请信申请见习。在信中你要提及以下几个方面：

- 见习的目的
- 见习的内容
- 见习的时间
- 期望(qī wàng)达到的目标
- 盼望对方考虑你的申请

参考句子

a) 我今天写信想申请到贵公司见习。

b) 我见习的目的是想多了解一下金融(jīn róng)这个行业，因为我在大学里想学金融专业。

c) 我对外科特别感兴趣，希望能观摩(guān mó)一些手术，比如心脏手术、脑手术等。如果不能安排我去外科，您能否把我安排到儿科，因为我对儿科也挺感兴趣的。一切都听从您的安排。

d) 我的见习时间最好是七月到十月，每个星期一次，每次4~5个小时。

e) 我希望通过见习开开眼界，对我将来想学的专业有比较全面的了解。这样，我就可以为想学的专业作好准备。

f) 我希望您能认真考虑我的申请，并盼望早日得到您的肯定答复。非常感谢！

g) 如果需要面试，请安排在6月15日后，因为之前我不在上海。

36

2. 阅读短文并写回应式作文

假设你想在大学毕业后开办自己的公司。读了这篇短文后，你受到了一些启发。请写一篇日记，写下初步的想法，并打算说服你的父母。

年轻人创业

很多人认为我们这一代年轻人不负责任、好吃懒做、没有人生目标。自从上了高中后我就想用实际行动证明这种说法是片面的。

大学毕业后的第一年，我开始着手开办一家茶叶出口公司。中国是茶叶之乡，茶叶品种丰富，质量上乘。可惜的是中国的茶叶还没有在世界上得到应有的地位，没有被更多的消费者认识。我把这个想法告诉了经商的父亲，他答应在资金上支持我办公司。

我利用大学期间的几个假期对中国好几个茶叶产地进行了实地考察。我对茶叶的生产过程、包装、广告、销售等各个方面进行了了解，对商业运作也作了充分的准备。我的公司于2009年1月1日开张了。经过半年的努力，我的公司先后在印度、新加坡、菲律宾等亚洲国家建立了分销网络。一年里，我的公司不但没有亏本，反而赚了十几万人民币。这比我的预期要好。

我的茶叶公司的成功让一家茶叶生产商大吃一惊，这正是他们想做的，但是一直没有实现。于是这位生产商表示愿意支付100万人民币，收购我的公司，我没有答应。

通过办公司，我的体会是，如果想办公司，资金当然是最重要的，但是除此以外，创业者一定要执著，肯花工夫，在各方面要提前作好充足的准备。创业者还要有乐观的一面，也要对风险有充分的心理准备，做好最坏的打算。

刚过了23岁生日的我，可以代表中国新一代的年轻人自豪地告诉人们，我们是有创业精神、追求上进、富有创意的一代。

提示：
建议学生按照日记的格式来写。内容可包括：
- 很想在大学毕业后开办自己的公司
- 大学期间的几个假期对中国好几个茶叶产地进行了实地考察
- 对茶叶的生产过程、包装、广告、销售等进行了了解
- 对商业运作作了充分的准备
- 已经建立了分销网络
- 以后也许有生产厂商收购自己的公司
- 资金是最重要的
- 自己执著，肯花工夫，提前作好了准备
- 自己乐观，对风险有心理准备，做好了最坏的打算
- 自己有创业精神、追求上进、富有创意
- 说服父母给予自己支持

阅读与理解

阅读一

第一段 每个高中毕业生都将面临(miàn lín)大学专业选择的难题。怎样才能找到最适合自己的大学专业呢？请听以下几位高中见习生的见习心得(xīn dé)。

第二段 见习生1：这次见习使我对自己喜欢的职业有了更进一步的认识，今后的学习、发展也有了更明确(míngquè)的方向。

第三段 见习生2：我发现，通过见习我提升(tí shēng)了自己，还获得了宝贵的工作经验。我没想到自己在见习期间成长得特别快，各方面的能力也提高了不少。

第四段 见习生3：见习之后，我发现在学校学的知识跟社会的要求还有距离(jù lí)。我认为，通过见习我们不仅可以缩小(suō xiǎo)这个距离，而且可以获得实际(huò dé shí jì)的工作经验，为今后找到理想的专业作了准备。

第五段 见习生4：我觉得通过见习可以了解一个行业(háng yè)的发展情况和前景(qián jǐng)，重要的是我也更清楚(qīng chu)了自己喜欢做什么，擅长做什么。还有，见习之后我对理工科(lǐ gōng kē)更感兴趣了。

第六段 见习生5：我发现用人单位(dān wèi)非常重视(zhòng shì)见习生的动手(dòngshǒu)能力、创新(chuàng xīn)能力、人际(rén jì)交往能力、分析(fēn xī)能力和表达(biǎo dá)能力。我现在才体会到了这些能力越早培养越好。我今后会在这些方面下工夫。

第七段 见习生6：我发现见习单位十分关注(guān zhù)一个人的品德(pǐn dé)、工作和学习态度等。还有，用人单位喜欢综合(zōng hé)能力较强的学生。

第八段 总之，接受采访的高中见习生对见习的态度都很积极。他们都认为通过见习对自己更了解了，也提高了工作能力，积累了经验，对未来(wèi lái)要读的专业也有了初步(chū bù)的了解。他们都说见习确实(què shí)是正确(zhèngquè)选择大学专业的一个重要、有效的途径(tú jìng)。

38

A 判断正误，并说明原因

	对	错
1. 对高中毕业生来说，选择大学专业是件容易的事。		
原因：每个高中毕业生都将面临大学专业选择的难题。		√
2. 见习生1以前对自己喜欢的职业一点儿都不了解。		
原因：见习生1：这次见习使我对自己喜欢的职业有了更进一步的认识。		√
3. 见习生4本来就对理工科感兴趣。		
原因：见习生4：……见习之后我对理工科更感兴趣了。	√	
4. 见习生6认为综合能力强的学生受工作单位的欢迎。		
原因：见习生6：……用人单位喜欢综合能力较强的学生。	√	

B 用短文中的动词填空

1. 找 （第1行）工作
2. 获得 （第5行）金奖
3. 提高 （第7行）能力
4. 重视 （第14行）品德教育
5. 培养 （第16行）科学家
6. 关注 （第17行）环境问题
7. 采访 （第19行）见习生
8. 了解 （第20行）市场

C 从短文中选出最合适的词语填空

1. 我 对 （第3行）医学专业有了初步的了解。
2. 见习不仅丰富了我的工作经验， 也 （第4行）让我交到了几个朋友。
3. 通过 （第5行）见习，我发现自己需要提高动手能力。
4. 见习了两个星期后，我 更 （第12行）了解自己了。
5. 我花了一个月时间 才 （第15行）找到了一份暑期工。
6. 见习单位喜欢学习态度好的学生， 还有 （第18行），他们很看重一个人的品德。

39

D 为短文配题目

- ☐ 1. 见习与职业的关系
- ☐ 2. 如何选择见习单位(dān wèi)
- ☑ 3. 高中生对职业见习的感想(gǎnxiǎng)
- ☐ 4. 重新(chóng xīn)认识自己

E 根据短文选择正确答案

1. “面临(miàn lín)”（第1行）的意思是 b 。
   a) 面前
   b) 面对
   c) 临走
2. “心得(xīn dé)”（第2行）的意思是 a 。
   a) 工作和学习中的体会、认识
   b) 心里难受
   c) 得了心病
3. “下工夫”（第16行）的意思是 a 。
   a) 花时间，努力
   b) 练武术
   c) 多花钱
4. “初步(chū bù)”（第21行）的意思是 c 。
   a) 进一步
   b) 初中
   c) 开始阶段的

F 根据短文回答下列问题

1. 见习生5回校后可能会有哪些行动？
   努力培养自己的动手能力、创新能力、人际交往能力、分析能力和表达能力。
2. 被采访的见习生对见习的态度怎么样？
   他们对见习的态度都很积极。
3. 见习的好处有哪些？
   通过见习可以对自己更了解、提高工作能力、积累经验、对未来要读的专业有初步的了解。

阅读二

"环球文化村"嘉年华

第一段

2009年3月21日，由全球最大的国际学生组织AIESEC（国际经济学商学学生联合会，简称"联合会"）主办的亚太青年领袖发展与交流会议在香港正式开始。当日，开幕典礼及"环球文化村"嘉年华在香港的尖沙咀星光大道上举行。来自超过十六个国家和地区的约两百名不同肤色、不同民族的优秀大学生，穿上各国民族服饰，配合摊位展示及表演，与香港市民互相交流自己国家或地区的文化特色和风俗。

第二段

今年的会议以"梦想今天，成就将来"为主题。在接下来的一个星期里，各国青年学子参加了各种活动，包括世界时事讨论、领袖训练工作坊等。除了体验跨国文化、了解文化差异，与会者还向香港三十多位企业高层管理人员请教经验，拓展领导才能。此外，他们还走进香港社会，亲身感受了这个国际大都会的魅力。

第三段

联合会成立于1948年，被联合国确认为全球最大的国际学生组织，现在会员已遍布一百多个国家和地区。该组织由大学生来负责运作，是一个国际性、非政府、非盈利的独立机构。这个组织每年为大学生提供4000多个海外实习机会，并在世界各地举办了300多场国际会议。联合会又是一个国际交流平台，让青年人建立个人人际网络，发现并发挥自己的潜能。

第四段

香港的联合会成立于1967年，先后在6所大学设立了分会。自2002年联合会在中国内地正式成立以来，已有30多所大学设立了分会。2008年，中国内地有700多名大学生通过该组织参加了海外实习。

A 从短文中选出最合适的动词填空

1. 亚太青年领袖发展与交流会议开幕典礼于2009年3月21日在香港星光大道___举行___（第4行）。
2. 为了___配合___（第5行）“环球文化村”嘉年华，市政府还组织了丰富多彩的文化活动。
3. 不同民族的学生聚在一起___交流___（第6行）参加嘉年华的体会。
4. 在北京的交换生家里待了半年，我亲身___体验___（第9行）了独特的中国文化传统及习俗。
5. 你一定要来上海___感受___（第11行）一下这个国际大都市。
6. 中国交响乐团___成立___（第12行）于1956年。
7. 如果你来我公司实习，我们将___提供___（第15行）住宿。
8. 国际经济学商学学生联合会最近几年在中国内地发展得很快，已在30余所大学___设立___（第18行）了分会。

B 根据短文找出四个正确的句子

☑ 1. 联合会是由大学生负责运作的，是个不赚钱的机构。

☑ 2. 参加亚太青年领袖发展与交流会议的学生来自十多个国家和地区。

☐ 3. 香港市民也可以报名参加各种工作坊。

☑ 4. 联合会是联合国确认的一个国际性学生组织。

☐ 5. 在嘉年华期间，香港市民组织了各种摊位和时装表演。

☐ 6. 联合会在香港的六所大学里有30个分会。

☑ 7. 参加会议的各国青年人与香港社会接触，都感受到了香港是个动感国际大都市。

C 判断正误，并说明原因

	对	错
1. 2009年的亚太青年领袖（lǐng xiù）发展与交流会议在香港的尖沙咀（jiān shā zuǐ）星光大道上举行了开幕典礼（kāi mù diǎn lǐ）。 原因：2009年3月21日，……主办的亚太青年领袖发展与交流会议……开幕典礼及“环球文化村”嘉年华在香港的尖沙咀星光大道上举行。	√	
2. 联合会的会员来自全世界的一百多个国家和地区。 原因：现在会员已遍布一百多个国家和地区。	√	
3. 青年人可以通过联合会这个国际平台（píng tái）互相交流、建立人（jiàn lì rén）际网络（jì wǎng luò），并发挥（fā huī）各自的才能。 原因：联合会又是一个国际交流平台，让青年人建立个人人际网络，发现并发挥自己的潜能。	√	
4. 从2002年起，中国内地每一所大学都有了联合会分会。 原因：自2002年联合会在中国内地正式成立以来，已有30多所大学设立了分会。		√
5. 2008年，联合会帮助700多名中国大学生去海外实习。 原因：2008年，中国内地有700多名大学生通过该组织参加了海外实习。	√	

D 从右边的段落大意中找出最合适的

1. 第一段 F
2. 第二段 C
3. 第三段 A
4. 第四段 B

A 联合会的性质（xìng zhì）、规模（guī mó）、作用及运作方式。
B 联合会在香港和中国内地的分布（fēn bù）及作用。
C 2009年亚太青年领袖发展与交流会议的主题及活动。
D 联合会这个独立（dú lì）机构的特色。
E 联合会为培养青年领袖所作的贡献（gòngxiàn）。
F 2009年亚太青年领袖发展与交流会议在香港开幕当天的盛况（shèngkuàng）。

单元复习

提示：
“生词”部分的词语是本单元内每一课的词语，要求学生会认读，并会默写、运用。

生词

第1课

招生 *贵 临床 医学 父亲 心脏 专家 母亲
儿科 优异 假期 课余 公立 订阅 动向
紧急救护 证书 坚定 勤奋 踏实 胆大 心细
追求 完美 班长 开放日 坚信 最佳 人选
出身 热情 *而且 加倍 盼望 面试 敬礼

第2课

演讲 确信 抱怨 品种 绝大部分 油腻 商讨
状况 增加 次数 开展 美化 校园 舞会 歌唱
话剧 诚实 能干 共同 实现 愿望 善于 定期
班级 想法 及时 转达 荣幸

第3课

晚报 招聘 即将 陌生 不止 天津 广州 深圳
干事 举行 募捐 合唱团 指挥 擅长 特长 分别
流利 基础 正直 外向 幽默 灵活 得知 特殊
背景 胜任 珍惜 宝贵 推荐 答复

短语/句型

自从……后　对……感兴趣/有热情　通过努力　取得优异的成绩
参加好几项课外活动　为了熟悉这个职业　利用假期及课余时间
目的是想了解医学的最新动向　专门学了……　取得证书
积累了不少经验　坚定了学医的决心　学习勤奋、工作踏实的人
坚信自己是最佳人选　出身于医生家庭　接受申请　加倍努力

对……有全面的了解/（不）满意　首先……，其次……，最后……
当上了学生会主席　要求改进　增加清洁的次数　跟……合作
开展节电活动　为……组织活动　参加活动　组织能力强　实现愿望
通过合作和共同的努力　善于跟人沟通　配合学校的工作　听取意见
把想法和建议转达给……　感到荣幸　乐意为……服务

招聘辅导员的广告　即将毕业　来自世界各地　对……不陌生
到过北京不止一次　举行活动　兴趣很广　擅长表演
在……方面有特长　英语说得流利　汉语基础好　成绩优异
善于跟人沟通、合作　办事灵活　特殊的生活背景　胜任这份工作
珍惜工作机会　跟……联系　盼望早日得到答复

提示：
“短语/句型”部分是从每课课文中抽取的重点词句、短语，要求学生熟练掌握，并在口语/作文中准确运用。

第一单元　测验

一、阅读理解

____

第一段　据调查，在过去的十年里绝大多数的中国留学生__1__在美国、英国、澳大利亚、加拿大等英语国家。最近有一个教育机构__2__，未来五年中国学生的留学目的地将更趋多样化。除了传统的主流英语国家之外，非英语国家如欧洲的荷兰、意大利、西班牙等国家，以及南美的巴西、阿根廷等国家也将__3__不少中国留学生去那里学习、深造。另外，一些东南亚国家，比如泰国、菲律宾、新加坡等国家也将成为中国学生新的留学目的地。

第二段　报告指出，十年来，中国留学生的留学消费趋向理性化。很多家长和学生在对待出国的问题上已经不再像以前那么盲目。他们会事先__4__很多因素，如留学费用、学校知名度、专业情况、毕业后去向等。在选择留学专业上，不少学生和家长在出国前就开始考虑归国就业问题，同时也会__5__所选专业未来的职业竞争力。越来越多的学生不但考虑学校的综合排名，也开始更多地考虑专业排名、实习机会等。更多中国家长和学生的关注度转向了对国际竞争力的培养，以及在未来的全球化竞争中__6__金字塔塔尖的位置。

第三段　该教育机构的留学专家还指出，过去十年中的留学多数属于“一次性消费”，即人生只留学一次。但是，随着中国国际地位的提高，各国对中国的签证政策的放开，留学可能将成为多次选择性消费。

第四段　目前，留学的目的还是以__7__学历、学位为主。但据专家预测，在未来五年间，学历、学位将不再是留学的最主要目的，而同时，__8__自己的国际化视野、拓展国际人脉和提高语言能力将成为学生们的重要目标。

A 从下面的方框里为短文选择最合适的词语填空

考虑	分布	看重	吸引	获取
	占据	测试	预测	拓宽	吸收

1. ________ 2. ________ 3. ________ 4. ________

5. ________ 6. ________ 7. ________ 8. ________

B 为短文配题目

☐ 1. 中国留学生所去留学国家之比较

☐ 2. 中国学生去国外留学之变化

☐ 3. 中国学生去国外留学之目的

☐ 4. 中国留学生昂贵的留学费用

C 根据短文回答问题

1. 传统的主流英语留学目的地都分布在哪几个洲？
2. 在未来五年将发展起来的新的留学目的地分布在哪几个洲？
3. 比较对过去十年留学的调查与对未来五年留学的预测，哪些方面将发生变化？
4. 中国留学生何时考虑留学毕业后的就业问题？
5. 现在，中国留学生最主要的留学目的是什么？

D 从右边的段落大意中找出最合适的

1. 第一段 ☐
2. 第二段 ☐
3. 第三段 ☐
4. 第四段 ☐

A 除了获取学历以外，留学生考虑更多的将是一些更实用的目的。

B 未来五年，中国留学生选择的留学国家将比以前更多更丰富。

C 盲目地对待出国留学已属罕见。

D 对于出国留学之事，学生和家长都综合各方面因素慎重考虑。

E 留学的主要目的是拓宽就业机会。

F 中国学生留学的频率将增多。

E 从右边找到最适合的部分完成下列句子

1. 传统留学目的国 ☐
2. 新的留学目的国包括 ☐
3. 除了获取学位以外， ☐
4. 拓宽国际人际关系 ☐

A 是英国、美国、加拿大等英语国家。
B 南美的一些非英语国家。
C 是今后出国留学的重点目标之一。
D 中国留学生也想借此机会开阔眼界。
E 将成为在国外就业的关键。
F 语言能力是必要的入学条件。
G 是那些综合排名和专业排名领先的大学。

F 判断正误，并说明原因

对 错

1. 现在中国的家长和学生对待出国留学比以前慎重多了。

原因：________ __ __

2. 留学费用、学校知名度、专业情况都是留学生和家长关注的因素。

原因：________ __ __

3. 学校的综合排名是留学生选择该学校的唯一考量。

原因：________ __ __

4. 未来中国留学生出国留学最主要的目的是获取学位。

原因：________ __ __

G 根据短文选择正确答案

1. “占据金字塔塔尖的位置”（第 18 行）的意思是____。
   a) 成为佼佼者
   b) 开创新事业
   c) 爬上金字塔
   d) 成为不起眼的人

2. “人脉”（第 25 行）的意思是____。
   a) 仁人志士
   b) 友人
   c) 人际关系
   d) 人的脉搏

二、写作

你父母希望你在本地上大学，可是你向往去国外留学。写一篇日记，在日记中谈一谈你打算如何说服父母同意你去国外留学。

第一单元　参考答案

一、阅读理解

A 1. 分布　2. 预测　3. 吸引　4. 考虑

5. 看重　6. 占据　7. 获取　8. 拓宽

B 2

C 1. 北美洲、欧洲、大洋洲。

2. 欧洲、南美洲、亚洲

3. 留学目的地的分布、留学消费的特点、留学目的。

4. 很多中国留学生在出国前就开始考虑留学毕业后的就业问题。

5. 获取学历、学位。

D 1. B　2. D　3. F　4. A

E 1. A　2. B　3. D　4. C

F 1. 对　原因：很多家长和学生在对待出国的问题上已经不再像以前那么盲目。

2. 对　原因：他们会事先考虑很多因素，如留学费用、学校知名度、专业情况、毕业后去向等。

3. 错　原因：越来越多的学生不但考虑学校的综合排名，也开始更多地考虑专业排名、实习机会等。

4. 错　原因：在未来五年间，学历、学位将不再是留学的最主要目的。

G 1. a　2. c

第二单元

教学目标

- 能介绍中国家庭观念和结构的变化
- 能介绍你喜欢的名人或对你影响最大的人
- 能讲述中、西方文化在饮食、称呼、礼仪、教育等方面的差异
- 能介绍你所知道的一个国家/地区或民族的传统文化、习俗，以及这些传统文化和习俗在新时代的变化
- 能讲述由于全球化，各国的传统文化和习俗正在怎样互相影响
- 能看懂比课文难度更大的阅读文章
- 会写记叙文、日记、电邮

语言点

a) **在……里**：在现代中国社会里，三世或四世同堂的家庭已经很少了。

b) **跟……一起**：现在的年轻人结婚后一般不会跟父母住在一起。

c) **自从……以来**：自从二十世纪八十年代初以来，中国实行了独生子女政策。

d) **由……组成**：现代家庭大都是由三口人组成的小家庭。

e) **随着**：随着中国的改革开放，中国人的传统家庭观念也发生了变化。

f) **由此可见**：由此可见，中国的家庭结构比以前多样化了。

g) **在……上**：在国际影坛上，他曾经获得过多个国际电影奖。

h) **为**：李安的电影为东西方文化架起了一座桥梁。

i) **曾经**：他曾经获得过多个国际电影奖。

j) **因此**：这部电影拍得很成功，李安也因此一举成名。

k) **通过**：外国人甚至通过看《卧龙藏虎》来了解东方文化。

l) **于**：李安出生于台湾。

m) **把**：李安成功地把东西方文化结合在一起。

n) **在……中**：吃饭在中国人的日常生活中很重要。

o) **在……方面**：在礼仪方面，中国文化和西方文化都非常重视人际交往。

p) **在……上**：在交往的观念和方式上有明显的差异。

q) **大多数**：大多数西方人都不太看重分数。

r) **令**：大连的生活、学习经历令我难忘。

提示：

① 在讲解课文前，可先让学生分组讨论或老师带领全班学生一起讨论什么是中国人的传统美德，可顺便讲一些孔子的思想，比如：孝顺父母、尊敬师长、尊老爱幼、勤劳节俭、努力好学等。

② 之后，可让学生讨论中国的独生子女政策、中国的（或学生自己国家的）家庭结构、对小孩子的照顾等。在讨论时尽量把本课的生词介绍给学生。余下的词语在讨论之后为学生讲解。

③ 最后带领学生通读并理解课文。如果学生汉语水平较高，可试着让他们总结每段的段落大意。

④ 在讲解本课生词时，还可以复习家庭成员词语等。最后，要求学生书面回答课本48页的所有练习。

第二单元

第4课

中国的家庭

04

各位同学：

你们好！

今天我来介绍一下中国的家庭。

中国的传统家庭一般是三世或四世同堂，也就是说一家三代、四代住在一起。在中国的传统家庭里，长辈爱护、照顾晚辈，晚辈尊敬、孝顺长辈。“尊老爱幼”一直是中国人的传统美德。

但是，在现代中国社会里，三世或四世同堂的家庭已经很少了。自从二十世纪八十年代初以来，中国实行了独生子女政策，也就是说，在一般情况下，一对夫妇只能生一个孩子。现在的年轻人结婚后一般不会跟父母住在一起，老年人也不喜欢跟子女住在一起，因为他们有自己的生活方式，所以现代家庭大都是由三口人组成的小家庭。

随着中国的改革开放，中国人的传统家庭观念也发生了变化。近些年，离婚率上升了，单亲家庭也增加了。不少年轻人选择不结婚，做单身贵族。还有一些年轻夫妻，为了享受二人世界，婚后不生孩子。由此可见，中国的家庭结构比以前多样化了。

虽然长辈不跟已婚子女同住，但是他们大多还会帮助照看孙子、孙女或外孙、

外孙女。长辈年老体弱时，晚辈也会通过各种方式照顾他们。在现代中国社会中，虽然家庭观念和结构发生了变化，但是中国人的传统美德还在继续发扬光大。

我的发言完了。谢谢大家！

生词

1. 晚辈 (wǎn bèi) younger generation
2. 美德 (měi dé) virtue
3. 世纪 (shì jì) century
4. 年代 (nián dài) decade of a century
5. 实行 (shí xíng) implement
6. 独生子女 (dú shēng zǐ nǚ) only child
7. 策 (cè) plan; strategy　政策 (zhèng cè) policy
8. 夫 (fū) husband　夫妇 (fū fù) married couple
9. 年轻 (niánqīng) young
   年轻人 (niánqīng rén) young people
10. 老年 (lǎo nián) old age
    老年人 (lǎo nián rén) old people; senior citizen
11. 方式 (fāng shì) way; mode
*12. 由 (yóu) by means of
    由……组成 (yóu … zǔ chéng) be composed of
13. 随着 (suí zhe) along with; following
14. 革 (gé) change　改革 (gǎi gé) reform
15. 观念 (guānniàn) concept
16. 率 (lǜ) rate
17. 上升 (shàngshēng) rise
18. 单亲 (dān qīn) single parent
19. 单身 (dānshēn) single; unmarried
20. 贵族 (guì zú) noble
21. 妻 (qī) wife
    夫妻 (fū qī) husband and wife
22. 由此可见 (yóu cǐ kě jiàn) it can be concluded that...
23. 结构 (jié gòu) structure
24. 多样化 (duōyànghuà) diversify
25. 已婚 (yǐ hūn) married; be married
26. 大多 (dà duō) mostly
27. 照看 (zhào kàn) look after
28. 孙子 (sūn zi) grandson (son's son)
29. 孙女 (sūn nǚ) granddaughter (son's daughter)
30. 外孙 (wài sūn) grandson (daughter's son)
31. 外孙女 (wài sūn nǚ) granddaughter (daughter's daughter)
32. 扬（揚） (yáng) spread
    发扬 (fā yáng) promote; develop
    发扬光大 (fā yángguāng dà) bring to a great height of development
33. 发言 (fā yán) make a speech

答案（仅供参考）：
1) 三代或四代人。
2) 尊老爱幼。
3) 二十世纪八十年代初。在一般情况下，一对夫妇只能生一个孩子。
4) 中国的现代家庭大都是由三口人组成的小家庭；单亲家庭增加了；有些年轻人不结婚，做单身贵族；有些年轻夫妻婚后不生孩子；家庭结构比以前多样化了。
5) 夫妻双方的父母大多会帮助照看孩子。
6) 不会，会继续发扬光大。

口语热身

消化课文

1. 根据课文回答问题

1) 在中国的传统家庭里，一般几代人在一起生活？
2) 中国人的传统美德是什么？
3) 中国的独生子女政策是何时开始实行的？请简单介绍这个政策。
4) 中国的现代家庭有哪些特点？
5) 在中国，年轻的夫妻有了孩子后，谁会帮助他们照看？
6) 在作者看来，虽然中国的家庭观念和结构发生了变化，中国人的传统美德会失去吗？

2. 根据实际情况回答问题

1) 你跟祖父母/外祖父母一起生活过吗？是什么时候？你跟他们合得来吗？
2) 在你们国家，现在有三世同堂或四世同堂的家庭吗？过去有吗？现在的家庭大多是几口之家？
3) 在你们国家，子女一般什么时候搬出去自己住？子女结婚后会跟父母一起住吗？父母年老体弱的时候由谁照顾？
4) 在你们国家，一般的家庭有几个孩子？母亲一般外出工作还是在家带孩子？如果母亲工作，孩子由谁照顾？
5) 你们国家的离婚率高吗？单身贵族多吗？
6) 在你们国家，爷爷、奶奶或外公、外婆会帮忙照看孙子、孙女、外孙、外孙女吗？你从小是由谁带大的？
7) 你经常去看望祖父母、外祖父母吗？他们现在住在哪儿？他们的身体怎么样？他们跟谁住在一起？
8) 你喜欢在大家庭里还是小家庭里生活？为什么？大家庭和小家庭各有什么好处和坏处？

提示：
此练习可用作单元口试部分的问答题。

1. 选择其中一个短语造句

Ⓐ例子：在现代中国社会里，三世或四世同堂的家庭已经很少了。(第8行)

在过去的五年里

在高中的两年里

在见习期间

Ⓑ例子：现在的年轻人结婚后一般不会跟父母住在一起。(第11行)

跟……通电话/借东西

2. 完成句子

Ⓐ例子：自从二十世纪八十年代初以来，中国实行了独生子女政策。(第9行)

自从中国改革开放以来，__________。

Ⓑ例子：现代家庭大都是由三口人组成的小家庭。(第13行)

爸爸再婚了。我的新家现在由_______。

Ⓒ例子：随着中国的改革开放，中国人的传统家庭观念也发生了变化。(第14行)

随着中国经济的快速发展，_________。

Ⓓ例子：由此可见，中国的家庭结构比以前多样化了。(第17行)

由此可见，中国的出生率__________。

3. 从课文中找反义词

1) 古代→(现代)(第8行)　4) 双 → (单)(第15行)

2) 很多→(很少)(第9行)　5) 平民→(贵族)(第16行)

3) 下降→(上升)(第15行)　6) 停止→(继续)(第28行)

4. 用课文中的动词填空

1) 尊敬/孝顺(第6行)长辈　3) 发生(第14行)变化

2) 实行(第9行)政策　4) 享受(第17行)生活

口语训练

实际运用

小组讨论

学了课文“中国的家庭”以后，试讨论你们国家或地区的人们的家庭观念及结构有哪些特点，并谈谈你们的看法。讨论应包括以下几点：

- 家庭结构的变化
- 对大家庭和小家庭的看法
- 对独生子女政策的看法
- 对传统家庭观念的看法

例子：

学生1：我知道中国从上世纪80年代开始实行独生子女政策。现在中国的家庭大部分都是一家三口的小家庭。

学生2：在我们国家没有独生子女政策。一对夫妇想生几个孩子就生几个孩子。但是现在有些年轻夫妇选择不生孩子，做丁克(dīng kè)一族，享受二人生活。

学生3：我觉得单身贵族的生活很自由。我大学毕业后不打算结婚。自己赚(zhuàn)的钱自己花，自己想做什么就做什么。

学生4：我们国家的大家庭不少。我大学毕业后，肯定会结婚，生几个孩子，因为我喜欢小孩子。

学生2：我也喜欢大家庭。我们家祖父母跟我们一家六口住在一起。平时我们互相关心、互相照顾。爷爷、奶奶退休(tuì xiū)后没事

提示：

① “例子”中没有提到的还有：
  a) 子女到了18岁是否应离开父母独立生活；
  b) 大家庭能够让子女学会怎样与同辈/长辈相处；
  c) 独生子女的通病：被宠坏了，不懂得与人分享，不懂珍惜，没有竞争力，个性强，等等。

② 此练习还可以用来作为辩论题（可分几次完成），给学生一个锻炼的机会，比如：大家庭/小家庭的利弊；独生子女政策的利弊；传统家庭观念是否适合现代生活等。辩论可长可短，根据学生汉语水平来决定。

干，在家照看我弟妹。我父母出去工作、挣钱。有时候爷爷、奶奶身体不好，我们也方便照顾他们。

学生1：我比较喜欢小家庭。小家庭生活条件好。家里只有一个孩子，生活负担轻。教育、医疗条件好，因为父母把全部精力放在一个孩子身上，能培养孩子全面发展。

学生3：我不一定要大家庭，但我一直希望有一个姐姐或妹妹。我总觉得独生子女很孤独，在家里没有伙伴可以玩儿，父母也不可能每时每刻陪着我。

学生4：我认为中国人比较重视家庭。家庭成员之间关系比较亲近。

学生2：你说得对。中国人过年、过节一定会团聚在一起，一家老小开开心心地庆祝。

学生1：我是美国人，我们也很重视家庭。每年的圣诞节、感恩节，我们也都赶回家，跟家人一起庆祝。

参考句子

a) 中国的独生子女政策有利也有弊。在独生子女家庭里，一个孩子往往被宠坏了，他们被叫做“小皇帝、小公主”。但是独生子女长大结婚后要照顾双方的父母，他们的负担比较重。独生子女政策还有其他负面影响，比如说，独生子女比较孤单。

b) 我认为中国的独生子女政策有很多好处。最主要的是中国的人口太多了。如果不实行独生子女政策，中国的人口现在可能是十八九亿，而不是十三亿。多生出几亿人口，吃饭、住房、穿衣都会有问题。

c) 在全球化的影响下，各个国家的家庭结构都在发生变化，离婚率也越来越高。

d) 我还是喜欢传统的家庭观念。小辈年幼时，长辈照看小辈；长辈年老体弱时，小辈又可以照顾他们。

写作训练

实际运用

1. 写电邮

假设你最近跟父母发生了一些不愉快的事情，比如在学习和生活习惯、谈恋爱、大学专业的选择等方面有不同的看法。写一封电邮给父母，说出你的想法。在电邮中，你要提及以下几个方面：

- 写电邮的目的
- 你最近的烦恼
- 你们之间不愉快的事情
- 你希望怎样解决

参考句子

a) 我写电邮是为了跟你们说一说我的心里话。

b) 我最近很苦恼。在很多事情上，我们有不同的看法。我想在大学里读美术专业，但是你们希望我读经济学。

c) 我在家里没有权力决定自己的事情。我们经常吵架，有时候我们好几天不说话。有几次我真想离家出走，但是又觉得这样不能解决问题。

d) 我已经十八岁了，我有能力也有权力决定一些事情。

e) 我知道你们不喜欢我在中学阶段谈恋爱。但到目前为止，我觉得谈恋爱没有影响我的学习。我认为在中学阶段，通过谈恋爱可以积累跟异性交往的经验。

f) 我的文科不如理科。不管我怎么努力，我的文科成绩总是不太理想。

g) 我觉得我们应该经常沟通，互相理解。

52

提示：

① 这是孩子写给父母的电邮，所以内容可直截了当。正文至少应分为三段：
 a) 写电邮的理由；
 b) 最近的不愉快的细节内容（口头已经不能沟通了，但写下来时心情可以更平静，想得也更周到）；
 c) 孩子提出的能够解决问题的办法。

② 写作语言和态度要真诚，对父母要有礼貌（尊敬父母），真心希望解决问题。

③ 可能涉及的论题还有：养宠物；父母对孩子要求过高（望子成龙、望女成凤），孩子无法实现。

2. 阅读下面的采访内容并写回应式作文

读了下列采访内容，你有一些感想。请写一篇日记，谈谈你的感想，并分析你父母对你教育的成败之处。

中国式的家庭教育

王：大家好，我是主持人王冬。今天我们有幸请到了教育司副司长钟先生来给我们讲一讲中国式的家庭教育面临的挑战。钟先生，您好！

钟：您好！教育确实关系到中国的未来，而家庭教育是关键。进入二十一世纪，中国的未成年人口就有3亿多。

王：中国的家长对孩子有哪些期望？

钟：很多家长希望他们的孩子将来有出息，希望他们一生幸福、平安，还希望他们将来拥有财富和地位。

王：那么，家庭教育是怎样影响孩子的成长的？

钟：绝大部分家长受孔子“学而优则仕”的影响，认为读书、考高分、进名牌大学是孩子的唯一出路。可是，这样的孩子长大后往往是“高分低能”，在当今社会中将面临种种挑战。还有些家长也同意读书重要，但是一个孩子不但要有知识，还要有高尚的品格，包括诚实可靠、宽容善良、有合作精神、热爱和平等。我认为这样的孩子才是我们国家需要的人才。

王：在家庭教育方面，您给家长们什么忠告？

钟：在某种程度上，家长肩负着教育孩子的重任。孩子的发展一定是多样化的，不可能每个孩子都成为科学家。不同的孩子有不同的潜力，家长要给予他们针对性的教育，为他们创造条件，使其发挥最大的潜力。孩子的积极性、自信心不是天生的，需要家庭的培养、支持和鼓励。另外，家长要培养孩子优良的品德和做人的尊严，这样他们长大后才能成为一个幸福、有所作为的人。

53

提示：

建议学生按照日记的格式来写。内容可包括：

① 关于中国式的家庭教育：
- 绝大部分中国家长认为进名牌大学是孩子的唯一出路
- 在这样思想下培养的孩子往往“高分低能”，工作中会面临种种挑战
- 孩子的发展是多样化的，不可能每个孩子都成为科学家
- 家长要给予孩子针对性的教育，发挥其最大的潜力
- 家庭应培养、支持、鼓励孩子的积极性、自信心等
- 家长要培养孩子优良的品德和做人的尊严
- 这样孩子长大后才能成为幸福、有所作为的人

② 感想：
- 一个孩子不但要有知识，还要有高尚的品格
- 国家更需要这样的人才

③ 学生可具体分析父母对他们教育的成败之处

阅读与理解

阅读一

客家是汉族民系中重要的一支。今天的客家人是世界上分布地区最广的民系之一。在中国，客家人在大陆聚居的省区有19个，而香港特别行政区有100多万客家人，台湾省大约有400多万。还有很多客家人居住在东南亚国家，比如在新加坡，客家人有20多万，是当地六个主要华人族群之一。

据考证，客家民系在历史上有过五次大迁移，从中原到南方，再从南方去海外，终于在中国的南方及海外地区形成了一个客家体系。

客家人经过长期的历史发展，成为了汉民族中独特的群体。客家人的精神来自五千年的历史文化，来自艰苦环境的磨炼，来自祖辈一代一代的言传身教。客家人的精神可以归纳如下：

1. 刻苦勤俭是客家人最突出的特色。在这方面，客家妇女表现得尤其突出。她们吃苦耐劳，勤俭持家。
2. 客家人具有开拓进取的精神。从古到今，他们外出谋生、经商，在各行各业都有杰出的客家人。
3. 客家人历来就重视文化学习。为了谋求生路、经商、做官，他们必须学习文化知识，也特别重视教育。
4. 客家人有浓厚的念祖思乡之情。他们无论生活在何处，都不会忘记祖辈、亲人。居住在海外的客家华侨很多都会返回祖国寻根。
5. 客家人特别爱国爱家。他们赚了钱后大都会赞助家乡的建设。
6. 客家人有尊老爱幼、团结互助的优良传统。他们的家庭、亲情观念也很重。无论遇到什么困难，他们都会互相帮助、克服困难。

A 根据短文选择正确答案

1. “聚居”（第2行）的意思是 __a__。
   a) 集中居住
   b) 移居
   c) 搬迁

2. “海外”（第7行）的意思是 __c__。
   a) 地中海
   b) 国内
   c) 国外

3. “言传身教”（第10行）的意思是 __c__。
   a) 教训
   b) 引导
   c) 言语和行动起到模范作用

4. “历来”（第15行）的意思是 __b__。
   a) 在历史上
   b) 一直
   c) 将来

5. “寻根”（第19行）的意思是 __c__。
   a) 投资
   b) 植树
   c) 寻找祖籍宗族

6. “赞助”（第20行）的意思是 __a__。
   a) 拿出钱来帮助别人
   b) 花精力帮助
   c) 协助

B 根据短文找出四个正确的句子

☑ 1. 有很多客家人居住在香港。
☐ 2. 在中国的每一个省都有客家人居住。
☐ 3. 台湾省大约有20多万客家人。
☑ 4. 客家人有着五千年的文化历史。
☑ 5. 实际上，客家人也是汉族人。
☐ 6. 从古到今，客家人一直居住在中国的南方。
☑ 7. 客家人保持着互相帮助、团结友爱的中华民族的优良传统。

C 判断正误，并说明原因

	对	错
1. 历史上，客家人从中原直接去了海外。 原因：客家民系……从中原到南方，再从南方去海外。		√
2. 客家妇女善于管家理（lǐ）财（cái），也很节（jié）俭（jiǎn）。 原因：她们吃苦耐劳，勤俭持家。	√	
3. 客家人不怎么善于经商。 原因：从古到今，他们外出谋生、经商，在各行各业都有杰出的客家人。		√
4. 客家人看重文化知识，但是他们不重（zhòng）视（shì）教育。 原因：客家人历来就重视文化学习。……也特别重视教育。		√
5. 客家人有了钱后总想为家乡的建（jiàn）设（shè）出力。 原因：他们赚了钱后大都会赞助家乡的建设。	√	
6. 客家人保（bǎo）持（chí）着中国的文化传统，比如尊敬长辈、爱护晚辈等。 原因：客家人有尊老爱幼、团结互助的优良传统。	√	

D 为短文配题目

- [√] 1. 客家精神
- [ ] 2. 客家人的历史
- [ ] 3. 客家人的经商之道
- [ ] 4. 客家人的生活习惯

E 用短文中的动词填空

1. 形成（第7行）风俗
2. 重视（第15行）环境保护
3. 学习（第16行）中国历史
4. 忘记（第18行）痛（tòng）苦（kǔ）的往事
5. 返回（第18行）母校
6. 遇到（第22行）麻烦

阅读二

中国婚俗的变迁

第一段 中国人通常把婚姻看得很重，称婚姻是“终身大事”，那么中国人把婚礼办得既讲究又隆重也就不难理解了。

第二段 从上个世纪的50年代到今天，中国婚俗的演变经历了几个阶段。20世纪的50至70年代，由于物质生活条件普遍比较差，中国人结婚只是发喜糖给亲戚朋友。到了80年代后期，大部分婚礼都在饭店举行，那时也开始时兴旅游结婚。从20世纪的最后十年到今天，婚俗简直起了翻天覆地的变化。

第三段 如今，年轻人的婚礼在格调和档次上都有很高的要求。婚纱的设计、新房的布置、家具的选购，这一切是最花心思和金钱的。新人拍结婚照可能要破费几万块钱。婚宴是整个婚俗的高潮。在豪华饭店办婚宴可以保证全方位的服务和一流的美食。婚宴上还有各种活动，既让新人和客人玩儿得尽兴，又给每个人留下美好的回忆。

第四段 当今中国的婚俗既有新意又保持了传统。有相当一部分新人会选择中式加西式的婚礼形式：新娘穿了旗袍再换婚纱，新郎穿了马褂再换西服。有的婚宴是中式酒席加西式糕点，有的却是西式的自助餐。但是，中国的婚俗还保留着独具风格的中国传统文化特征。中国人喜爱红色，认为红是吉祥的象征。所以，在中国的婚宴上新娘喜欢穿红衣服，放的鞭炮、宴会厅和新房的布置一般都用红色。亲朋好友一般会对新人说：“祝你们幸福美满，白头偕老，早生贵子。”

第五段 随着时代的变迁，中国的婚俗发生了很多变化，但是有些传统的习俗仍然保留了下来，同时也增添了一些新的色彩。

A 根据短文选择正确答案

1. "终身大事"（第1行）的意思是 b 。
   a) 人生第一件大事
   b) 一辈子最重要的事
   c) 健康大事

2. "喜糖"（第5行）的意思是 c 。
   a) 白糖
   b) 红糖
   c) 结婚时招待亲友的糖果

3. "时兴"（第6行）的意思是 b 。
   a) 一时高兴
   b) 一时流行
   c) 令人兴奋

4. "翻天覆地"（第7行）的意思是 a 。
   a) 巨大
   b) 很小
   c) 微不足道

5. "新人"（第9行）的意思是 c 。
   a) 已婚夫妇
   b) 新来的客人
   c) 新郎、新娘

6. "玩儿得尽兴"（第12行）的意思是 b 。
   a) 玩儿得太多了
   b) 玩儿得痛快
   c) 玩儿得不开心

B 从右边的段落大意中找出最合适的

1. 第一段	C	A 如今年轻人婚礼的格调和档次都很讲究。
2. 第二段	G	B 现在中国人的婚俗既保留了中国传统文化特色，又融入了西方婚俗文化。
3. 第三段	A	C 中国人心目中的婚姻大事。
4. 第四段	B	D 中国的婚俗体现了中国的传统文化特征。
5. 第五段	F	E 如今，中国的婚俗仍然保留着中式婚礼形式。
		F 中国的婚俗随着时代的变迁发生了很大变化。
		G 从20世纪50年代至今，婚俗经历了几个阶段的演变。
		H 西式婚俗在中国也很流行。

C 判断正误，并说明原因

1. 20世纪60年代，那时候中国人生活还不富裕（fù yù），结婚只发喜糖而已。 对 错

原因：20世纪的50至70年代，由于物质生活条件普遍比较差，中国人结婚只是发喜糖给亲戚朋友。 √ ___

2. 如今，为了准备婚事，新人花很多时间、精力（jīng lì）和金钱（jīn qián）。

原因：婚纱的设计、新房的布置、家具的选购，这一切是最花心思和金钱的。 √ ___

3. 如今在中国，新人拍结婚照一般都很便宜。

原因：新人拍结婚照可能要破费几万块钱。 ___ √

4. 在高档（gāodàng）饭店办婚宴，食物好吃，但是服务质量没有保证（bǎozhèng）。

原因：在豪华饭店办婚宴可以保证全方位的服务和一流的美食。 ___ √

5. 在婚宴上，亲朋好友会给新人献上美好的祝福。

原因：亲朋好友一般会对新人说："祝你们幸福美满，白头偕老，早生贵子。" √ ___

D 从短文中选出最合适的动词填空

1. 人们很难__理解__（第2行）年轻人为什么要花费那么多钱办婚礼。
2. 在改革开放的几十年中，中国人__经历__（第3行）了几个发展阶段。
3. 如今，大部分年轻人__选择__（第13行）去饭店办婚宴。
4. 在中式婚礼上，新娘__喜欢__（第17行）穿红色的旗袍。
5. 在今天的中国，很多城市都__发生__（第20行）了很大的变化。
6. 在婚宴上，亲朋好友会参加各种活动，这__增添__（第21行）了喜庆的气氛。

提示：

① 如果时间允许，老师可带领全班学生讨论或让学生先分组讨论有关中国内地、香港、台湾的电影、影星、导演等，看看学生们对这些方面背景知识的了解。

② 之后，引导学生们专注于本文的中心人物——李安，讨论他的出身、背景、拍的电影名字、电影特色等。

③ 在讨论过程中，老师要尽量使用生词表中的词语，给学生解释词义，帮助他们明白并运用，之后带领学生学习课本61页余下的词语。老师可为下节课听写选出10–15个词语，要求学生掌握。

④ 之后，带领学生通读并理解课文。最后让学生书面回答课后的问题。

⑤ 如果有时间，还可为学生放映一部李安的电影，让学生们对李安有更深的了解。如时间允许，可让学生们对电影中的某些文化现象进行讨论。

第二单元
第5课

李安的电影

05

李安是国际知名的华人电影导演。在国际影坛上，他曾经获得过多个国际电影奖。

李安出生于台湾，祖籍是江西。他从小不喜欢读书，因此两次都没有考上大学，最后进了台湾艺术大学学影剧专业。1979年，李安去美国学戏剧及电影制作专业，并获得了学士和硕士学位。

李安拿到学位后，没能找到机会拍电影。他只能在家照看子女、做家务，靠妻子赚钱养家。但在这段时间里，李安接触到了不少西方的文化和电影。1991年，台湾的一家电影公司找他拍《推手》。这部电影拍得很成功，李安也因此一举成名。

1995年，李安决定去好莱坞拍电影。2001年，他拍摄的《卧虎藏龙》获得了奥斯卡“最佳外语片”奖，并创造了美国有史以来外语片最高卖座纪录。在西方，外国人甚至通过看《卧虎藏龙》来了解东方文化。2005年，他拍摄的《断背山》讲述了60年代美国西部牛仔的同性恋生活。这部影片也得到了西方影评界和观众的好评，并获得了奥斯卡“最佳导演奖”。

李安的电影为东西方文化架起了一座桥梁。在拍电影时，他能充分接受西方的电影技巧。李安拍的电影有浓厚的现代感和生活感，同时，他对东西方文化有自己的体会。李安成功地把东西方文化结合在一起，创造出了他自己独特的电影风格。

60

生词

1. 知名 (zhī míng) renowned
2. 华人 (huá rén) Chinese; foreign citizens of Chinese origin or descent
*3. 坛（壇）(tán) (sports or literary) circle; field
   影坛 (yǐng tán) movie world
4. 曾 (céng) once
   曾经 (céng jīng) once
5. 获得 (huò dé) gain; win
6. 台湾（灣）(tái wān) Taiwan (a province of China)
7. 籍 (jí) place of origin
   祖籍 (zǔ jí) ancestral home
8. 江西 (jiāng xī) Jiangxi (a province of China)
9. 学士 (xué shì) bachelor
10. 硕（碩）(shuò) big; large　硕士 (shuò shì) master
11. 学位 (xué wèi) academic degree
12. 妻子 (qī zi) wife
13. 赚（賺）(zhuàn) make a profit
    赚钱 (zhuàn qián) make money
14. 西方 (xī fāng) the West
*15. 部 (bù) *a measure word used for books or films*
16. 一举成名 (yì jǔ chéngmíng) become famous overnight
17. 好莱（萊）坞（塢）(hǎo lái wù) Hollywood
18. 拍摄 (pāi shè) take a picture or shoot
19. 藏 (cáng) hide
20. 奥斯卡 (ào sī kǎ) Oscar
21. 外语 (wài yǔ) foreign language
22. 并（並）(bìng) in addition
23. 造 (zào) make; create　创造 (chuàng zào) create
24. 有史以来 (yǒu shǐ yǐ lái) since the beginning of history
25. 卖座 (mài zuò) draw large audiences
26. 纪录 (jì lù) record
27. 外国 (wài guó) foreign country
    外国人 (wài guó rén) foreigner
28. 东方 (dōngfāng) the East
29. 背 (bèi) back of the body
30. 述 (shù) narrate　讲述 (jiǎng shù) tell about
31. 西部 (xī bù) western part
32. 同性恋 (tóngxìng liàn) homosexuality
*33. 评（評）(píng) comment
    影评 (yǐngpíng) film review
34. 界 (jiè) circle; field
35. 众（衆）(zhòng) crowd
    观众 (guānzhòng) audience
36. 好评 (hǎopíng) favourable comments
*37. 架 (jià) put up
38. 梁（樑）(liáng) beam; bridge
    桥梁 (qiáoliáng) bridge
39. 浓（濃）(nóng) thick
    浓厚 (nónghòu) (of interest) great
40. 结合 (jié hé) combine
41. 独特 (dú tè) unique
42. 风格 (fēng gé) style

口语热身

消化课文

1. 根据课文回答问题

1) 李安祖籍何处？他最初是在哪儿接触到电影和戏剧的？
2) 李安在哪儿获得了什么专业的学士和硕士学位？
3) 李安在美国拿到学位后做了哪些事情？
4) 李安拍的第一部电影叫什么？对他有什么影响？
5) 李安拍摄的《卧虎藏龙》获得了什么奖项？
6) 李安的电影有什么独特的风格？

答案（仅供参考）：
1) 江西。他在台湾艺术大学学的是影剧专业。
2) 他在美国获得了戏剧及电影制作专业的学士和硕士学位。
3) 他在家照看子女、做家务，同时接触到了不少西方的文化和电影。
4) 《推手》。由于这部电影拍得很成功，李安一举成名。
5) 奥斯卡"最佳外语片"奖。
6) 他成功地把东西方文化结合在一起，为东西方文化架起了一座桥梁。（他拍的电影有浓厚的现代感和生活感，同时，他对东西方文化有自己的体会。）

2. 根据实际情况回答问题

1) 你最喜欢哪个名人？他/她为什么有名？你为什么会喜欢他/她？他/她为社会作了哪些贡献？
2) 你平时喜欢看什么电影？多久看一次电影？你最近看了一部什么电影？简单介绍一下这部电影。你喜欢这部电影吗？为什么？
3) 你看过中国电影吗？你喜欢看哪一类电影？你最喜欢哪一部电影？这部电影的导演是谁？这部电影获过什么奖项？
4) 在你们国家，最有名的电影导演是谁？他/她拍过哪些有名的电影？你最喜欢他/她的哪部电影？为什么？
5) 在你们国家，最有名的电影演员有谁？你最喜欢哪个演员？为什么？
6) 你最喜欢的体育明星是谁？他/她为什么有名？你每次都看他/她的比赛吗？上一次的比赛是什么时候？
7) 你平时喜欢看书吗？你最近在看什么书？你最喜欢的是哪本书？你为什么喜欢这本书？
8) 你平时喜欢听谁的歌？为什么？你最喜欢的一首歌叫什么名字？你为什么喜欢这首歌？

提示：
此练习可用作单元口试部分的问答题。

语言难点

1. 选择其中一个短语造句

Ⓐ 例子：在国际影坛上，他曾经获得过多个国际电影奖。（第1行）

在这段日子里

在学习汉语的过程中

Ⓑ 例子：李安的电影为东西方文化架起了一座桥梁。（第18行）

为……作准备/办签证

2. 用所给词语造句

Ⓐ 例子：他曾经获得过多个国际电影奖。（第1行） 曾经 住过

Ⓑ 例子：这部电影拍得很成功，李安也因此一举成名。（第10行） 因此 获奖

Ⓒ 例子：外国人甚至通过看《卧虎藏龙》来了解东方文化。（第13行） 通过 组织

3. 完成句子

Ⓐ 例子：李安出生于台湾。（第3行） 我校成立于______。

Ⓑ 例子：李安成功地把东西方文化结合在一起。（第23行） 救护车把________。

4. 从课文中找反义词

1) 国内→(国际)(第1行) 4) 最初→(最后)(第4行)

2) 去世→(出生)(第3行) 5) 分离→(结合)(第24行)

3) 讨厌→(喜欢)(第3行) 6) 普通→(独特)(第25行)

5. 用课文中的动词填空

1) _获得_学位(第2行) 3) _创造_新的纪录(第12行)

2) _拍_电影(第7行) 4) _讲述_历史(第15行)

口语训练

实际运用

口头报告

介绍一个你喜欢的名人，他/她可能是个影视明星、歌星、运动员、作家、商人等等。你的口头报告应包括以下几点：

- 他/她的姓名、长相、国籍、职业、婚姻状况、性格爱好等
- 你喜欢他/她的原因
- 他/她对你的影响

例子：

我今天要向大家介绍一位香港的歌星及影视明星。他叫刘德华。他的花名叫华仔，英文姓名叫“Andy Lau”。他是香港人，祖籍是广东。我很喜欢刘德华，因为他歌儿唱得好，而且他电影也演得好。

他的身高有1.74米，信佛教。他长得很帅，而且身材一直都保持得很好。跟他一起合作过的人都说他是个绅士。他心肠好，会体贴人，很容易相处。他工作勤奋、敬业。他总是很青春，充满活力。

刘德华会说广东话、普通话、英语和泰语。他喜欢读书，喜欢打保龄球、羽毛球和桌球。他喜爱收集古董、书画。刘德华还是个慈善家，他支持好几个慈善机构，并成立了“刘德华慈善基金会”，帮助贫困儿童和伤残人士。

上中小学时，刘德华就热心于参加校内的戏剧演出，还参与

64

提示：

① 这是一个很好的个人口头报告的题目，除了介绍名人外，还可以让学生介绍对他们影响最大的人，这可以包括名人、父母、老师或其他人。

② 准备过程中要求学生复习、掌握描述长相、性格、爱好等的词语，说出喜欢此人的原因，以及此人给自己带来的影响。

③ 如果讲自己身边的人，会亲切些，而且实例多，容易记忆、表达。

④ 鼓励学生运用“参考句子”。

幕后制作、负责编剧。刘德华在香港无线艺员培训班学习过，1981年第一次在一部电视剧中亮相。

从上个世纪90年代开始，刘德华在电影和音乐方面同时发展。在电影方面，他跟香港、内地、台湾以及新加坡的演员合作拍片。到今天他已演了超过120 部电影。1985年，刘德华进军乐坛。他的第一张专辑叫《只知道此刻爱你》。从1991年开始，他被称为香港乐坛"四大天王"之一，也是香港及亚太地区最受欢迎的男歌星之一。到现在为止，刘德华一共发行过100多张专辑，全球总销量超过5000万张。他在世界各地举办过300多场演唱会，他自己能作曲并填词。

刘德华是我心目中的偶像。我是他忠实的粉丝。他开演唱会，我一定会去；他拍的每一部电影我一定会看。我希望他不断进步。

同时，我也会学习他与人为善的品格和勤奋、敬业的精神。

参考句子

a) 他富有同情心、乐于助人。他乐于挑战自己，十分喜爱运动。他的志向是做一个网球运动员。

b) 他从小酷爱音乐，希望将来能做他自己喜欢做的事。

c) 我跟他的性格很像。我们又有相同的爱好。

d) 他拍的电影曾经多次在国际电影节上获奖。

e) 他积极、热心地参加慈善活动，一有时间就为社区服务，为社会作贡献。

f) 他是一个世界知名的商人。他勤劳、节俭，又热心支持教育。他捐钱建学校，资助贫困儿童上学。

g) 她是一个华裔跳水运动员。她通过努力、刻苦的训练，曾获得过奥运会的跳水冠军。

h) 他是一个国际知名的赛车手。他聪明，而且懂几门外语。每次有他参加的比赛，总是有上万名的观众来看。

提示：
① 此练习是前页练习的延伸——把口头的东西落实到书面上。
② 叙述文对格式没有什么要求，要提醒学生注意分段写。
a) 第一段写此人是谁，跟自己是什么关系，长相、职业。
b) 第二段可简单介绍此人的背景，之后讲述其性格、爱好。
c) 第三段可讲述此人对自己的影响，举一两个实例，如教你如何努力工作、学习，如何诚实做人，如何养成好习惯等。
③ 鼓励学生运用"参考句子"。

写作训练

实际运用

1. 写叙述文

请介绍一个从小到大对你影响最大的人。在文中你要提及以下几个方面：

- 他/她是谁
- 他/她的性格、长相、职业、爱好等
- 他/她对你有哪些影响

参考句子

a) 在我的成长过程中，我父亲对我的影响最大，尤其是在学习的态度上。他总是认真工作，不断进修(jìn xiū)。

b) 父母是我的榜样(bǎng yàng)。他们的一举一动都会影响我。我的很多好习惯都是从他们身上学来的。

c) 我祖母(zǔ mǔ)是一个正直的人。她一辈子(yí bèi zi)做人诚实，工作认真，从来都不马虎。她从来都不说假话，对自己的要求特别高。

d) 从小到大，我爸爸教育我要努力学习，争取最好的成绩。他还要求我要有礼貌，做一个诚实、善良的人。他经常对我说年轻人要有理想，要有目标，每天不断进步，朝(cháo)着自己的目标努力。

e) 我的外公常常教育我要关心别人，多做善事，长大成为对社会有用的人。

66

2. 阅读短文并写回应式作文

你早就听说过贝聿铭这个名字，读了下面的短文后对他有了更多的认识。写一封电邮向你的朋友简单介绍贝聿铭先生。

美籍华人贝聿铭先生是一位世界级的现代建筑设计大师。他父亲是中国银行的创始人之一。贝聿铭先生1917年出生于广州，他的童年和少年时期是在风景如画的苏州和高楼林立的上海度过的。他从小立志要当一名建筑师。贝聿铭1935年远渡重洋，到美国留学，学习建筑。他从美国的麻省理工学院毕业后，又在哈佛大学取得了硕士学位。

在美国的许多大城市都有贝聿铭的作品。贝聿铭在美国各地负责设计过博物馆、学院、商业中心、摩天大厦等，由他设计的大型建筑在百项以上。他负责设计并建造的肯尼迪图书馆于1979年落成，在美国建筑界引起轰动，被公认为美国建筑史上最佳杰作之一。贝聿铭因此声名远扬，成为世界级的建筑大师。

贝聿铭的作品不仅遍布美国，而且分布于全世界。1984年，他为香港中国银行设计了一座70层、高315米的大厦，是贝氏所有设计方案中最高的建筑物。还有，北京西山有名的香山饭店融合了中国古典园林建筑的特色，设计别具一格。贝聿铭还应法国总统的邀请，完成了巴黎卢浮宫的扩建设计。1988年，巴黎的卢浮宫玻璃金字塔落成。这项工程完成后，卢浮宫成为世界上最大的博物馆。

贝聿铭的建筑设计曾获奖无数，最有名的当数相当于诺贝尔奖的普利兹建筑奖，是建筑界最高的荣誉。他的设计风格既优美又有气魄，融合了科技、人性、自然与文化等元素。贝聿铭坚信建筑不是流行风尚，建筑是千秋大业，要对社会和历史负责。

67

提示：
建议学生按照非正式电邮的格式来写。内容可包括：

- 美籍华人贝聿铭是世界级的现代建筑设计大师
- 1917年生于广州，在苏州和上海长大
- 从小立志当一名建筑师
- 1935年后先后到美国的麻省理工学院、哈佛大学学习建筑
- 在美国各地设计过百项以上大型建筑，包括1979年设计的肯尼迪图书馆
- 他的作品不仅遍布美国，且分布于全世界
- 他1984年为香港设计了中银大厦
- 北京西山的香山饭店、巴黎卢浮宫的扩建设计都是他的名作
- 他曾获奖无数，包括普利兹建筑奖
- 他的设计风格优美、有气魄，融合科技、人性、自然与文化等元素
- 他坚信建筑是千秋大业，要对社会和历史负责

阅读与理解

阅读一　中国电影的发展

第一段　1905年，中国的第一部电影在北京前门上映。1931年，中国拍成了第一部有声电影。

第二段　20世纪30年代的中国电影主题分为几类，有的反映农村悲苦的农民生活，如《春蚕》；有的反映都市底层人物的苦难境遇，如《马路天使》；有的反映小知识分子面临社会动荡时矛盾的心理，如《十字街头》。

第三段　20世纪40年代，中国电影进入了一个黄金时期，电影艺术达到了新的高峰，诞生了一批经典之作，如《万家灯火》等。

第四段　1949年新中国成立以后一直到“文化大革命”之前（1966年），中国成立了一批电影基地，如北京电影制片厂、上海电影制片厂等，制作了一批优秀的电影，如《早春二月》等。“文革”期间（1966~1976），电影受到了较大的影响，但20世纪70年代的一些电影仍然受到人们的喜爱，如《闪闪的红星》等。

第五段　从1978年开始，中国实行改革开放政策，中国电影又走向了新的高峰。20世纪80年代，陈凯歌的《黄土地》、张艺谋的《红高粱》让世界重新认识了中国电影。90年代后，中国电影的综合实力开始增强，多部影片进入了国际市场，例如张艺谋2002年导演的《英雄》成为了第一部进入美国主流电影院放映的中国电影。还有些电影不仅获得了国际大奖，而且票房收入可观。

第六段　随着中国国家实力逐步增强，中国电影在技术和人才方面也都已具备了世界水准。中国电影的潜力将得到进一步开发，中国电影将创造新的辉煌。

A 根据短文选择正确答案

1. “底层(dǐ céng)人物”(第4行)的意思是 a 。
   a) 社会最低的阶层
   b) 知名人物
   c) 大人物
2. “黄金时期”(第7行)的意思是 b 。
   a) 金钱时代
   b) 最繁华(fán huá)的、辉煌(huī huáng)的时期
   c) 找到黄金的时候
3. “高峰(gāofēng)”(第8行)的意思是 c 。
   a) 时期 b) 阶段
   c) 比喻(bǐ yù)事情发展的最高点
4. “美国主流电影院”(第18行)的意思是 b 。
   a) 既是电影院又是剧场
   b) 对当地美国影片开放的电影院
   c) 有名的电影院
5. “票房(piàofáng)收入”(第19行)的意思是 b 。
   a) 演员的工资
   b) 卖电影票而赚到的钱
   c) 电影票价
6. “水准”(第21行)的意思是 c 。
   a) 品牌
   b) 标准
   c) 水平

B 从右边的段落大意中找出最合适的

1. 第一段 H
2. 第二段 D
3. 第三段 I
4. 第四段 G
5. 第五段 F
6. 第六段 A

A 中国电影事业前景美好。
B 中国电影在技术上已经达到了国际水平。
C “文化大革命(gé mìng)”期间中国电影的发展。
D 20世纪30年代中国电影的类别(lèi bié)。
E 20世纪30年代中国电影中的演技。
F 改革开放后中国电影在艺术上走向了一个新的高峰，并向国际市场发展。
G 新中国成立后至“文化大革命”结束中国电影的发展。
H 中国电影业的诞生(dànshēng)。
I 20世纪40年代中国电影在艺术上达到了新的高峰。

C 判断正误，并说明原因

1. 到了20世纪40年代，中国才拍出了第一部电影。 对 错

原因：1905年，中国的第一部电影在北京前门上映。 ___ √

2.《闪闪（shǎnshǎn）的红星》是在"文化大革命"期间拍的。

原因："文革"期间……一些电影仍然受到人们的喜爱，如《闪闪的红星》等。 √ ___

3. 自从改革开放后，中国电影事业没有太大的发展。

原因：从1978年开始，中国实行改革开放政策，中国电影又走向了新的高峰。 ___ √

4. 中国电影曾经在国际上获得过电影大奖。

原因：还有些电影不仅获得了国际大奖，而且……。 √ ___

5. 当今的中国有技术也有人才，一定能拍出国际水平的电影。

原因：……中国电影在技术和人才方面也都已具备了世界水准。中国电影的潜力将得到进一步开发，中国电影将创造新的辉煌。 √ ___

D 从短文中选出最合适的动词填空

1. 最近张艺谋（zhāng yì móu）又__拍__（第1行）了一部古装故事片。
2. 中国电影的历史可以__分为__（第3行）四个阶段。
3. 中国电影已经__进入__（第7行）了国际市场，而且有几部电影票房收入相当可观。
4. 中华人民共和国于1949年__成立__（第9行）。
5. 李安拍摄的电影多少__受到__（第12行）了西方电影技巧的影响。
6. 这部武打片（wǔ dǎ piàn）是陈凯歌（chén kǎi gē）__导演__（第17行）的。

阅读二

中国的民族乐器

中国的民族乐器历史悠久。从已经出土的文物可证实：远在先秦时期就有了多种多样的乐器。以下是最具代表性的几种中国民族乐器。 第一段

编钟是中国古代一种打击乐器，用青铜铸成。因为编钟能奏出歌唱一样的旋律，所以也被叫做“歌钟”。大小不同的扁圆钟按照音调高低的次序排列起来，挂在一个巨大的钟架上。用木锤敲击编钟便能奏出美妙的乐曲。通常编钟的钟体越小，音高就越高，音量也越小。编钟最早出现在商代，兴起于西周，盛行于春秋战国，自宋代以来渐渐衰退。在中国古代，编钟是上层社会专用的乐器，是等级和权力的象征。 第二段

古筝是一种古老的弦乐器。目前最常用的古筝规格是长163厘米左右，有21根弦。古筝常用于独奏、重奏、器乐合奏和歌舞、戏曲等的伴奏。因古筝的音域宽广，音色优美动听，所以被称为“众乐之王”，也称为“东方钢琴”。 第三段

二胡又叫南胡，是中国最主要的拉弦乐器。在世界上，二胡被誉为“中国的小提琴”。二胡可以独奏，也可参加重奏或合奏，在民乐团中的重要性相当于管弦乐队里的小提琴。 第四段

笛子是中国广为流传的吹奏乐器。因为笛子用天然竹材制成，所以也称为“竹笛”。笛子是中国最具特色的吹奏乐器之一。笛子虽然短小简单，但它却有几千年的历史。笛子的表现力非常丰富，它既能演奏出不同的旋律，又能表现各种情调。除此以外，笛子还能表现大自然的各种声音，比如模仿各种鸟的叫声等。 第五段

A 根据短文找出四个正确的句子

☑ 1. 中国的民族乐器种类繁(fán)多(duō)。

☐ 2. 笛(dí)子(zi)是一种弦乐器。

☐ 3. 编钟(biānzhōng)是中国现代上层社会专用的乐器。

☑ 4. 人们一般称"古筝"为"东方钢琴"。

☐ 5. 编钟是用木头做成的。

☐ 6. 在古代，编钟是一种很普通的乐器。

☑ 7. 笛子是用竹子做的，有着几千年的历史。

☑ 8. 人们把二(èr)胡(hú)比作"中国的小提琴"。

B 判断正误，并说明原因

	对	错
1. 远在中国的先(xiān)秦(qín)时期，各种民族乐器就出现了。 原因：远在先秦时期就有了多种多样的乐器。	√	
2. 有人把编钟叫做"歌钟"。 原因：因为编钟能奏出歌唱一样的旋律，所以也被叫做"歌钟"。	√	
3. 在春秋战国时期，编钟开始走下坡(pō)路。 原因：编钟最早出现在商代，……，盛行于春秋战国，自宋代以来渐渐衰退。		√
4. 在中国古代，编钟是一种相当普(pǔ)遍(biàn)、深受民众喜爱的乐器。 原因：在中国古代，编钟是上层社会专用的乐器，是等级和权力的象征。		√
5. 最常见的古筝长16.3米，有21根弦。 原因：目前最常用的古筝规格是长163厘米左右，有21根弦。		√
6. 在中国的民乐团中，二胡的确(dí què)起着很重要的作用。 原因：二胡……，也可参加重奏或合奏，在民乐团中的重要性相当于管弦乐队里的小提琴。	√	
7. 笛子是一种吹奏(chuī zòu)乐器，深受广大中国人的喜爱。 原因：笛子是中国广为流传的吹奏乐器。	√	

72

C 从右边找到最适合的部分完成下列句子

1. 笛子是一种很简单的乐器，C
2. 古筝有21根弦，G
3. 用笛子能吹奏出各种声音，A
4. 编钟的钟体越小，D
5. 古筝的音域很广，H
6. 编钟在春秋战国时期 F

A 比如鸟的叫声。
B 只能独奏。
C 但演奏起来表现力很强。
D 音高就越高，音量也越小。
E 需要用铁锤敲击。
F 相当流行。
G 可以为歌舞伴奏。
H 音色美妙动听。

D 根据短文选择正确答案

1. “悠久”（第1行）的意思是 __a__。
   a) 年代久远
   b) 很短
   c) 不算长
2. “巨大”（第5行）的意思是 __b__。
   a) 极高
   b) 体积非常大
   c) 极小
3. “独奏”（第11行）的意思是 __c__。
   a) 交响乐
   b) 独唱
   c) 由一个人用一种乐器演奏
4. “众乐之王”（第12行）的意思是 __b__。
   a) 乐器中的王子
   b) 在所有乐器中居首位
   c) 最好的音乐

E 从短文中选出最合适的词语填空

1. __大小不同__（第4行）的玻璃瓶能奏出优美的音乐。
2. __古老__（第10行）的钟楼跟它周围的现代建筑融为了一体。
3. 中国民族乐器二胡能奏出跟小提琴一样__优美动听__（第12行）的音乐。
4. 民乐团中的__主要__（第14行）乐器有二胡、笛子、古筝等。
5. 古筝是一种很有__特色__（第18行）的中国民族乐器。

第二单元
第6课

中西文化的差异

06

上个月，我以交换生的身份去中国的大连生活、学习了两个星期。在这两个星期里，我对中国文化有了进一步的了解，对西方文化也有了更深刻的体会。

在饮食方面，吃饭在中国人的日常生活中很重要。中国人有时候午饭也要炒菜。中国人做菜时非常讲究，注重色、香、味、形，做出来的菜好像一件工艺品。西方人午饭大都吃三明治，做晚饭也不复杂。他们习惯吃烤的食物，还喜欢吃沙拉。

在称呼方面，中国人称呼亲戚以外的人时，也要分清辈分，比如，叫男性长辈“爷爷”或者“叔叔”；叫女性长辈“奶奶”或者“阿姨”。年轻人称呼中老年人时，要在他们的姓前面加一个“老”字，表示尊敬；中老年人称呼年轻人时，则在他们的姓前面加一个“小”字，表示亲切。但是在西方，人们大都直呼其名。

在礼仪方面，中国文化和西方文化都非常重视人际交往，但在交往的观念和方式上有明显的差异。中国人热情好客，喜欢问长问短，他们会询问有关别人的年龄、职业、收入、婚姻状况等问题。西方人则比较重视个人的隐私，尊重别人的私生活。

74

提示：

① 在讲解课文前，老师可带领全班学生一起讨论或让学生分组讨论中西方文化的差异。按照课文的结构，规定学生从四个方面（当然如果学生汉语水平较高，可扩大范围）展开讨论：饮食、称呼、礼仪、教育。如果学生有能力，可以每个方面都增加讨论内容，讨论得更详细。比如：饮食方面，中国人喜欢合餐，而西方人喜欢分餐；中国人用筷子吃饭，西方人用刀叉；中国人做饭要作很多准备，菜上桌马上可以放入口中，而西方人吃饭时还要用刀叉将食物切小才能进食；中国人习惯将食物煮熟，而西方人喜欢吃生的蔬菜沙拉等。称呼方面，中国人对亲戚的称呼比西方人要复杂得多，可以跟学生一起复习。礼仪方面，如送礼物时西方人会当面打开礼物，中国人则不会这样做；中国人日常生活中跟人打招呼的语言，传统上有“吃了吗”“上哪儿去”等，体现亲切感，而西方人则说“早上好”“晚上好”之类。教育方面，中国人更注重知识的记忆、学习，西方人则注重尝试、体验，结论：中国人较看重分数，西方人更看重学生各方面的才能。家庭教育中，西方人注重培养孩子的独立性及自由发展，中国家长则大都望子成龙，有时甚至拔苗助长。

② 建议老师在讨论过程中尽量把本课的生词介绍给学生。如果有些词语来不及介绍，则带领学生一起学习生词表中余下的词语，然后讲解课文。

③ 课文的开头和结尾段落可要求学生背诵。

④ 之后，让学生书面回答课后练习一。如有时间，可带领学生一起讨论练习二中的问题。

在教育方面，我发现中国的学生读书普遍比较用功，学校、家长和学生都很看重学习成绩。中国人和西方人对待分数的态度也不同。大多数西方人都不太看重分数。

大连的生活、学习经历令我难忘。如果今后有机会，我还会去中国，希望了解更多的中国文化和习俗。

生词

1. 差异 (chā yì) difference
2. 大连 (dà lián) Dalian (a city in northern China)
3. 深刻 (shēn kè) deep; profound
4. 饮食 (yǐn shí) diet
5. 究 (jiū) probe into　讲究 (jiǎng jiu) be particular about
6. 复杂 (fù zá) complicated
7. 称（稱）(chēng) call
8. 呼 (hū) call　称呼 (chēng hu) call; form of address
9. 分清 (fēn qīng) distinguish
10. 辈分 (bèi fen) position in the family hierarchy; generation
*11. 性 (xìng) gender　男性 (nán xìng) male
　女性 (nǚ xìng) female
12. 中年 (zhōngnián) middle age
　中老年 (zhōng lǎo nián) middle and old age
13. 亲切 (qīn qiè) warm; close
14. 则（則）(zé) *indicating contrast*
15. 直呼其名 (zhí hū qí míng) directly call one's name
16. 仪（儀）(yí) ceremony　礼仪 (lǐ yí) courtesy
17. 重视 (zhòng shì) lay stress on
18. 人际 (rén jì) interpersonal
19. 显（顯）(xiǎn) apparent; show up
　明显 (míngxiǎn) obvious
20. 好客 (hào kè) hospitable
21. 问长问短 (wènchángwènduǎn) take the trouble to make detailed inquiries
22. 询（詢）(xún) inquire　询问 (xúnwèn) ask about
*23. 有关 (yǒuguān) relate to
24. 收入 (shōu rù) income
25. 姻 (yīn) marriage　婚姻 (hūn yīn) marriage
26. 隐（隱）(yǐn) privacy; hidden
　隐私 (yǐn sī) privacy; secret
27. 尊重 (zūnzhòng) respect
28. 私生活 (sī shēnghuó) private life
29. 普遍 (pǔ biàn) general; common
30. 看重 (kànzhòng) regard as important; think highly of
31. 对待 (duì dài) treat
32. 分数 (fēn shù) mark; grade
*33. 令 (lìng) make; cause
34. 习俗 (xí sú) custom

口语热身

消化课文

1. 根据课文回答问题

1) 作者是以什么身份去大连生活、学习的？她去了多久？有什么收获？

2) 中国人是怎样对待饮食的？中国人做菜时注重什么？西方人午饭、晚饭都吃些什么？

3) 中国人和西方人在称呼亲戚以外的人时有什么不同？

4) 在礼仪方面，中国人和西方人有哪些相同和不同的地方？

5) 中国人和西方人怎样对待子女的学习成绩？

6) 如果作者以后有机会再去中国，她会有什么期望？

答案（仅供参考）：

1) 交换生的身份。去了两个星期。她对中国文化有了进一步的了解，对西方文化也有了更深刻的体会。

2) 吃饭在中国人的日常生活中很重要。中国人做菜时注重色、香、味、形。西方人午饭大都吃三明治，晚饭也不复杂。他们习惯吃烤的食物和沙拉。

3) 中国人会分清辈分，西方人大都直呼其名。

4) 中国人和西方人都非常重视人际交往，但在交往的观念和方式上有明显的差异：中国人热情好客，喜欢问长问短，会询问别人的年龄、职业、收入、婚姻状况等；西方人比较重视个人的隐私，尊重别人的私生活。

5) 中国的学校、家长和学生都很看重学习成绩；大多数西方人都不太看重分数。

6) 她希望了解更多的中国文化和习俗。

2. 根据实际情况回答问题

1) 你和家人都注重饮食健康吗？在你们家，哪餐饭比较重要？你们经常全家人一起吃吗？

2) 你能说出几个中国菜的名字？你和家人常去哪一家饭店吃饭？你们一般吃什么？请简单介绍一下这家饭店。

3) 在你们国家，人们称呼亲戚以外的人时，要注意辈分吗？在这方面，你们跟中国人的习惯差不多还是差很多？

4) 在你们国家，学生平时读书用功吗？考试前他们是否会很紧张？学生们很看重考试成绩吗？

5) 在你们国家，家长是否很看重子女的学习成绩？为了子女能考上名牌大学，他们会做些什么？

6) 你最近有没有去过中国？去中国的目的是什么？有哪些收获？

7) 你在中国人家里住过吗？请讲一讲这个家庭给你留下了哪些印象。

8) 如果将来你有机会去中国人的家里生活一两个星期，你最希望去哪里？为什么？你希望得到哪些收获？

76

提示：
此练习可用作单元口试部分的问答题。

1. 完成句子

Ⓐ 例子：在这两个星期里，我对中国文化有了进一步的了解。（第2行）

在过去的两年里，________。

Ⓑ 例子：吃饭在中国人的日常生活中很重要。（第4行）

在学习汉语的过程中，________。

Ⓒ 例子：在礼仪方面，中国文化和西方文化都非常重视人际交往。（第15行）

在饮食方面，________。

Ⓓ 例子：在交往的观念和方式上有明显的差异。（第17行）

在环保问题上，________。

2. 选择其中一个短语造句

Ⓐ 例子：我发现中国的学生读书普遍比较用功。（第26行）

我估计/相信/建议

Ⓑ 例子：大多数西方人都不太看重分数。（第28行）

绝大部分/一小部分/有些

3. 用带点的词语模仿例子造句

Ⓐ 例子：大连的生活、学习经历令我难忘。（第29行）

Ⓑ 例子：我希望了解更多的中国文化和习俗。（第30行）

4. 从课文中找反义词

1) 马虎→（ 讲究 ）（第5行）
2) 东方→（ 西方 ）（第6行）
3) 女性→（ 男性 ）（第10行）
4) 晚辈→（ 长辈 ）（第10行）
5) 公 →（ 私 ）（第25行）
6) 过去→（ 今后 ）（第29行）

提示：

① 这是一个很好的小组讨论题目，内容可深可浅。老师可让学生们分成四人小组，结合课文中学到的内容，加上自己查找的资料，进行讨论。

② 学生们可参考"例子"，继续讨论下去，还可以再加上居住环境、交通、娱乐生活、网络的影响等方面的内容。

③ 鼓励学生运用"参考句子"。

口语训练

实际运用

小组讨论

各个国家、民族都有自己的文化和习俗。由于全球化，各国的传统文化及习俗正在相互影响，也在不断变化。试讨论你们国家或地区的传统文化和习俗都发生了哪些变化。讨论要包括以下几个方面：

- 饮食方面
- 称呼方面
- 礼仪方面
- 教育方面
- 其他方面

例子：

学生1：在饮食方面，我觉得中餐花样多，每个地区(dì qū)都有不同的菜式，菜的口味和做法也都不同。一个国家有那么多菜式，这在世界上是少有的。

学生2：我很同意你刚才说的。我在上海交换生的家里住了一个月。我很喜欢吃他们家做的上海菜。在上海的饭店里，你能吃到各种口味的饭菜。中餐太丰富了，真是中国文化的宝贵财富(cái fù)。

学生3：但是现在的中国人不但吃中餐，他们还能吃到各个国家的饭菜。

学生1：中国人称呼别人时，一般不直呼其名，要分清辈分，否则别人会认为你不尊重他/她，没有礼貌，没有家教(jiā jiào)。

学生2：但是现在在中国，有的人也对别人直呼其名。在一些公共场合，人们一般称男性"先生"，称女性"小姐"。这样的称呼已经很国际化了。

学生3：我也注意到了。在礼仪方面，中国人的习俗也在改变。中国人还是热情好客，但是一般不再询问有关他人的收入、婚姻状况、年龄等个人隐私的问题了。

学生1：我觉得中国人特别重视教育，普遍看重分数，每个家长都希望子女能考上世界名牌大学。

学生2：我们国家也很重视教育。大部分家长都肯为子女花钱请家教、上补习班等。

学生3：我相信每个国家都重视教育。我父母为我请了几个家教，每个月为我花不少钱。可我感觉压力很大，因为父母希望我每门功课都拿高分。

学生1：在穿着方面，好像各国的年轻人穿的衣服都差不多。

……

参考句子

a) 近二三十年，中国人的饮食发生了很大的变化。现在食品比以前丰富多了。在超市里，你能买到各个国家的食品。很多人喜欢吃西式快餐、日餐、韩餐、东南亚风味餐等。

b) 现在也有越来越多的外国人喜欢吃中国的美食。世界各地都有中餐馆。

c) 现在全世界的年轻人穿着(chuānzhuó)都差不多，吊带背心(diào dài bèi xīn)、牛仔裤非常流行。

d) 如今，很多中国家长送子女去外国留学、学英语，外国的家长也会送子女到中国学中文、学中国文化。

e) 现在全球化了，有些国家的习俗也被其他国家的人所接受。比如说西方人的圣诞节这一天，很多国家都有庆祝活动。在香港，过春节时西方人也发红包；过圣诞节时中国人也送圣诞礼物给亲朋好友。

写作训练

实际运用

提示：

① 这是一篇复习性质的作文，如果学生学过第六册课本，对此内容会非常熟悉；如果学生没学过第六册，建议老师先带领学生回忆他们自己过春节的经历，进而讲解为春节作准备、大年夜的年夜饭以及春节期间的庆祝活动等。

② 注意此作文文体要求是电邮，写给在国外的朋友。在电邮结尾处，一定要建议朋友有机会去中国过春节，亲身体验一下。

③ 鼓励学生运用“参考句子”。

1. 写电邮

假设今年春节你去了中国，在一个中国朋友家里过春节，亲身体验了中国人过年的一些习俗。写一封电邮给你在国外的朋友，说说你亲眼看到、亲身体验到的一切。在电邮中，你要提及：

- 你所去的地方的简介
- 中国人过春节的习俗
- 建议他/她有机会去中国亲身感受中国人过春节的习俗

参考句子

a) 春节前，人们忙着办年货、贴春联、买年花等。人们买桃树是希望新的一年里有好运气；买盆橘是希望大吉大利；红色“福”字倒贴在门上、墙上，表示“福”到了。做这些都是希望在新的一年里吉利、平安。

b) 年夜饭人们一定会吃鱼，希望“年年有余(niánnián yǒu yú)”，还会吃年糕，希望“年年高升”，吃汤圆是希望“团团圆圆”。吃完年夜饭，全家人坐在一起守岁。十二点一到，人们一起放鞭炮(biānpào)、烟花，庆祝新年的到来。

c) 中国人过年的一些活动，比如舞龙、舞狮、放鞭炮等都是为了驱邪、保平安。过年时家人团聚，在一起吃年夜饭表示团团圆圆；而特别的食品、摆设都是为了求吉利。

d) 我建议你有机会去中国过春节，亲身体验中国人过春节的一些习俗。这样的经历一定会令你难忘。

80

2. 阅读短文并写作文

写一篇博客，介绍你居住的地区在全球化的影响下在哪些方面受到了其他文化和习俗的影响。

香港人文化习俗的演变

香港受英国统治长达150多年之久。今日的香港已经从一个人烟稀少的小渔村发展成为繁华的国际大都市，称得上是中西文化合璧的典范。

19世纪中期，英国人开始接管香港。当时，中、英人士语言、风俗及习惯不同，英国人依照自己的生活习惯生活，而中国人保持着中国的传统习俗。到了20世纪初，在香港的中国人开始受到西方生活方式和习俗风尚的影响。这些中国人主要有两种：一种是少数社会精英，他们接受过西式教育；第二种人是在日常工作与生活中接触到西方文化的人，比如在外国洋行工作的人。虽然他们受到西方文化和习俗的影响，但是基本上还保持着中国人的本色。慢慢地，香港的普通老百姓也开始受到西方文化和习俗的影响。150多年后的今天，香港已经被打造成为一个展示西方文明的窗口。在香港，现代化的企业和机构、严格的管理制度、干净的街道、秩序井然的社区使居民养成了文明的习惯，中西方文化和习俗完美地结合在一起。

在香港的现代化进程中，中西方文化相互影响、相互交融。今天的香港犹如万花筒般多姿多彩，但是香港人仍然保持着自己的习俗和信仰。白领职员白天西装革履，翻阅英文报纸，晚上回到家中却搓麻将、看中文影视剧；还有一些香港人至今仍问卜算命，相信风水。

香港社会给予人们自由的生活空间。香港人在传统与现代、本土文化与西方文化的交汇中选择不同的生活方式。

提示：
建议学生按照博客的格式来写。内容可包括：
① 我所居住的地区在全球化的影响下，在以下几方面受到了其他文化和习俗的影响：
- 一些社会精英接受过西式教育
- 一些人在日常工作与生活中接触到西方文化
- 企业和机构引进了西方的管理制度
- 街道干净，社区秩序井然，居民养成了文明的习惯
- 职员白天西装革履，翻阅英文报纸

② 当然，学生还可以从更多的方面来谈全球化带来的影响，比如科技、经济、政治、法律、文化、思想观念（习俗、信仰）、人际交往、国际关系等

阅读与理解

阅读一　中国的少数民族

中国自古以来就是一个多民族的国家。除了汉族以外，中国有55个少数民族，占全国人口的9.44%。以下将分别介绍人们比较熟悉的几个少数民族。

蒙古族是一个富有传奇色彩的民族，历史上出现过成吉思汗、忽必烈等重要人物。蒙古族人主要集中在内蒙古自治区，过着游牧生活，但是现在大多数都定居下来了。每年七、八月举行的庆祝丰收的“那达慕”大会是蒙古族的传统节日。大会上有赛马、摔跤、射箭、棋艺、歌舞等比赛。

回族是中国少数民族中散居全国、分布最广的民族。清真寺是回族穆斯林主要的宗教活动场所。回族人至今保持着中亚人传统的穿衣打扮：男子多戴小白帽，留大胡子；而女子多戴头巾，也叫盖头。回族人忌吃猪肉，他们喜欢的菜肴有：涮羊肉、手抓羊肉等。明代著名航海家郑和就是回族人。

藏族是中国古老的民族之一。有“世界屋脊”之称的青藏高原是藏族人的主要聚居地。藏族普遍信奉藏传佛教，即喇嘛教。藏族的民间节日有藏历新年、酥油灯节、浴佛节等。藏族接待宾客时，要献上一条白色的丝织长巾，藏语称为“哈达”。

满族主要分布在中国的东北三省，其人口总数在中国55个少数民族中居第二位。满族人庆祝的重要节日跟汉族人的差不多。满族历史悠久。满族人建立了清朝政权，清朝皇帝康熙、雍正、乾隆等都曾经在中国历史上作出过重大贡献。经改良的满族妇女的旗袍早已成了中国民族服装的代表之一。

A 根据短文回答问题

1. 中国总共有多少个民族？
   56个民族。
2. 中国的哪个少数民族擅长赛马？
   蒙古族。
3. 藏族人主要居住在哪儿？
   青藏高原。
4. 旗袍最初是哪个少数民族的服装？
   满族。

B 根据短文选择正确答案

1. 中国是个___a___的国家。
   a) 多民族
   b) 以少数民族为主
   c) 信奉佛教
2. 回族女子戴的头巾叫___b___。
   a) 小白帽　b) 盖头
   c) 旗袍
3. 在中国历史上，___c___建立了清朝政权。
   a) 蒙古族　b) 回族　c) 满族
4. 回族穆斯林去___c___进行宗教活动。
   a) 那达慕　b) 哈达
   c) 清真寺
5. 满族人主要居住在___b___。
   a) 西藏　b) 中国的东北
   c) 内蒙古自治区
6. 汉族人口占全国总人口的___b___。
   a) 9.44%　b) 90.56%
   c) 10%

C 从短文中选出最合适的词语填空

1. 在清朝的皇帝中，人们___熟悉___（第2行）的有康熙、雍正和乾隆。
2. 在中国历史上，成吉思汗是个富有___传奇色彩___（第4行）的人物。
3. 经过改良后的满族妇女的___传统___（第7行）服装成了今天的旗袍。
4. 满族人___主要___（第10行）聚居在中国的东北三省。
5. 中国是一个___古老___（第14行）的文明国家。
6. 浴佛节是藏族人民的___重大___（第21行）节日。

D 判断正误，并说明原因

	对	错
1. 在中国这块土地上，汉族人口最多。 原因：除了汉族以外，中国有55个少数民族，占全国人口的9.44%。	√	
2. 中国少数民族的人口占全中国总人口的一成以上。 原因：中国有55个少数民族，占全国人口的9.44%。		√
3. 每年七、八月份举行的“那达慕(nà dá mù)”大会上有射箭(shè jiàn)比赛。 原因：每年七、八月举行的……“那达慕”大会……。大会上有赛马、摔跤、射箭、棋艺、歌舞等比赛。	√	
4. 中国各地都有回族人居住。 原因：回族是中国少数民族中散居全国、分布最广的民族。	√	
5. 手抓羊肉是回族人喜爱的食物。 原因：回族人忌吃猪肉，他们喜欢的菜肴有：涮羊肉、手抓羊肉等。	√	
6. 藏族人信奉的藏传佛教也叫“喇嘛教(lǎ ma jiào)”。 原因：藏族普遍信奉藏传佛教，即喇嘛教。	√	
7. 满族人庆祝的节日跟汉族人的完全不同。 原因：满族人庆祝的重要节日跟汉族人的差不多。		√

E 根据短文找出四个正确的句子

- [ ] 1. 蒙古族人不是牧民(mù mín)。
- [ ] 2. 著名的航海(háng hǎi)家郑和(jiā zhèng hé)是藏族人。
- [x] 3. 藏族人接待客人时总是献上一条哈达(hǎ dá)。
- [x] 4. 康熙(kāng xī)皇帝是满族人。
- [ ] 5. 回族人不吃猪肉和牛肉。
- [x] 6. 满族是中国55个少数民族中人口总数居第二位的民族。
- [x] 7. 人们一般把青藏高原称为“世界屋脊(wū jǐ)”。

生活中的中国文化

什么叫文化？根据易中天先生的说法，“文化就是人类生存和__①__的方式”。文化就是我们日常生活中最常见的、最普通的事。

文化体现在生活中，而中国文化就__②__在中国人生活中的方方面面。以下从三个方面来简单地__③__一下生活中的中国文化。

第一是亲情。中国人很注重家庭、亲情。俗话说“血浓于水”，在血缘关系中，最亲的是母子，其次是兄弟。在中国人的眼里，兄弟“情同手足”。即使没有血缘关系，乡情也是一种亲情。出门在外，老乡见了面就__④__特别亲切。所有这些关系又都跟吃有关，因为子女同吃母亲的奶，兄弟吃同一锅饭，乡亲吃同一口井里的水。

第二是饮食。中国人有句老话，叫“民以食为天”，也就是说中国人很__⑤__饮食。吃饭在中国人看来是头等重要的事。朋友们__⑥__在一起要吃饭；结婚要摆酒席请客吃饭；逢年过节、红白喜事、老人做寿、小孩满月、求人办事等等都要请客吃饭。对中国人来说，请人吃饭是很重情谊的表达方式，好像很多事情都可以在饭桌上__⑦__。

第三是面子。面子对中国人来说很重要。有的人虽然家里没钱，请人吃饭却一定要有大鱼大肉，摆阔气。__⑧__衣也要面子。中国人在重要场合要穿得体面、得体，否则就没面子。为什么那么看重面子呢？因为中国人是一个群体意识很强的民族。如果一个人不合群，失去了群体关系，得不到别人的认可，他就很难在社会上立足。

A 从下面的方框里为短文选择最合适的词语填空

介绍　注重　发展　聚　解决　进步　体现　买　穿　感到

1. 发展　2. 体现　3. 介绍　4. 感到

5. 注重　6. 聚　7. 解决　8. 穿

B 给下列词语配上最合适的解释

1. 头等（第11行）	B	A 站得住脚，能生存（shēngcún）下去。
2. 面子（第15行）	H	B 第一等；最高的。
3. 阔气（kuò qi）（第16行）	G	C 跟大家都合得来，关系融洽（róng qià）。
4. 体面（第17行）	E	D 相当。
5. 得体（第17行）	F	E 好看；有面子。
6. 合群（第18行）	C	F 言语、行动合适。
7. 立足（第19行）	A	G 豪华（háo huá）、奢侈（shē chǐ）。
		H 表面的虚荣（xū róng）。
		I 身体。

C 根据短文选择正确答案

1. “血浓于水”（第5行）的意思是 a 。
   a) 血缘（xuè yuán）关系是最亲的
   b) 乡情最亲
   c) 兄弟姐妹关系最亲

2. “血缘关系”（第6行）的意思是 c 。
   a) 兄弟姐妹　b) 乡亲
   c) 父母子女、兄弟姐妹之间的关系

3. “民以食为天”（第10行）的意思是 b 。
   a) 不吃饭也可以
   b) 吃饭是最重要的一件事
   c) 吃不吃饭没关系

4. “红白喜事”（第12行）的意思是 a 。
   a) 男女结婚、高寿丧事（shòusāng）
   b) 老人做寿　c) 小孩满月

D 判断正误，并说明原因

	对	错
1. 兄弟之间的关系很亲，因为他们有血缘关系。 原因：在血缘关系中，最亲的是母子，其次是兄弟。	√	
2. 虽然同乡之间没有血缘关系，但是老乡一见面一定会感到非常亲热。 原因：即使没有血缘关系，乡情也是一种亲情。……老乡见了面就感到特别亲切。	√	
3. 在中国，男女结婚一定要摆酒席（bǎi jiǔ xí）请亲朋好友吃饭。 原因：结婚要摆酒席请客吃饭；……。	√	
4. 中国人通过请客吃饭来表示他们很看重情谊（qíng yì）。 原因：对中国人来说，请人吃饭是很重情谊的表达方式，……。	√	
5. 中国人不认为一个人在重要场合穿得随便（suí biàn）会丢面子。 原因：中国人在重要场合要穿得体面、得体，否则就没面子。		√
6. 一个人要在社会上立足，他一定要得到别人的认可。 原因：如果一个人……得不到别人的认可，他就很难在社会上立足。	√	

E 从右边找到最适合的部分完成下列句子

1. 文化的定义是： D
2. 如果一个人不合群， A
3. 在重要场合， F
4. 求人办事 C
5. 请人吃了饭， B

A 他就很难在社会上立足。
B 事情就好办了。
C 也要请客吃饭。
D 人类生存和发展的方式。
E 要给人面子。
F 中国人很讲究穿着（chuānzhuó）得体。
G 事情还是可以商量的。

单元复习

生词

提示：
“生词”部分的词语是本单元内每一课的词语，要求学生会认读，并会默写、运用。

第4课

晚辈 美德 世纪 年代 实行 独生子女 政策
夫妇 年轻人 老年人 方式 由……组成 随着
改革 观念 率 上升 单亲 单身 贵族 夫妻
由此可见 结构 多样化 已婚 大多 照看 孙子
孙女 外孙 外孙女 发扬光大 发言

第5课

知名 华人 影坛 曾经 获得 台湾 祖籍 江西 学士
硕士 学位 妻子 赚钱 西方 *部 一举成名 好莱坞
拍摄 藏 奥斯卡 外语 并 创造 有史以来 卖座
纪录 外国人 东方 背 讲述 西部 同性恋 影评
界 观众 好评 *架 桥梁 浓厚 结合 独特 风格

第6课

差异 大连 深刻 饮食 讲究 复杂 称呼 分清
辈分 男性 女性 中老年 亲切 则 直呼其名
礼仪 重视 人际 明显 好客 问长问短 询问
*有关 收入 婚姻 隐私 尊重 私生活 普遍 看重
对待 分数 *令 习俗

短语/句型

长辈爱护、照顾晚辈　晚辈尊敬、孝顺长辈　实行独生子女政策
尊老爱幼　在一般情况下　生活方式　随着改革开放　离婚率上升
观念发生了变化　单亲家庭增加　享受二人世界　年老体弱
家庭结构比以前多样化　虽然……，但是……　通过各种方式
传统美德还在继续发扬光大

知名的华人导演　在国际影坛上　曾经获得……奖　获得学士/硕士学位
靠……赚钱养家　接触到西方的文化和电影　创造最高纪录
通过看《卧虎藏龙》来了解东方文化　讲述生活　得到观众好评
为东西方文化架起桥梁　充分接受西方的电影技巧　有现代感和生活感
对……有自己的体会　把……结合在一起　创造出独特的风格

以……身份……　对……有了进一步的了解　有了更深刻的体会
在饮食/称呼/礼仪/教育方面　在日常生活中　注重色、香、味、形
做出来的菜像一件工艺品　分清辈分　叫男性长辈“爷爷”
重视人际交往　询问婚姻状况　尊重别人的私生活/个人隐私
看重学习成绩　对待/看重分数　……经历令我难忘

提示：
“短语/句型”部分是从每课课文中抽取的重点词句、短语，要求学生熟练掌握，并在口语/作文中准确运用。

第二单元　测验

一、阅读理解

中国人的姓名

第一段　中国人的姓名是一种独特的文化现象，自古以来就是维系家族血缘关系的隐形纽带。

第二段　据考证，中国人的姓产生于五千多年前的母系氏族社会，其来源有以下几种：一是母系氏族社会母亲的姓，因此很多古姓都有“女”字旁，如“姜、姚、姬”等；二是远古时代人们崇拜的生物，如马、牛、羊等；三是祖先的国家，如赵、宋、秦等；四是祖先的官职，如上官、司马、司徒等；五是祖先的爵位，如王、侯、公孙等；六是住地的方位和景物，如东郭、西门、池等；七是祖先的技艺或职业，如做陶器的姓陶等。

第三段　中国人的姓有一个字的单姓，也有两个字或两个字以上的复姓。宋朝时出现的《百家姓》中收入了五百多个姓，其中张、王、李、赵是常见的单姓，欧阳、司马、司徒、诸葛是常见的复姓。

第四段　中国人起名也有自己的传统习惯和特点。名字有一个字的，也有两个字的。中国人的名字往往具有一定的含义，表达一定的愿望。有的名字包含孩子出生的地点、时间或当时的自然现象，如“京生、晓雨、腊梅”等；有的名字是希望孩子将来具有某种美德，如“国忠、诚信、有礼”等；有的名字表示希望孩子健康、长寿、幸福，如“行健、延寿、来福”等。男女的名字还要有区别，男性的名字多用表示威武、勇猛的字，如“一虎、健雄、国强”等；女性的名字则常用表示温柔美丽的字，如“凤娇、春花、黛玉”等。

第五段　中国人的姓排在前，名排在后，表示对祖先的重视，强调宗族的延续。姓是家族成员的共同符号，名是每个成员自己的代号。陌生人第一次见面，同姓的人会有一种自然的亲切感，因为彼此可能是同一祖先的后代。

A 从短文中找反义词

1. 普遍 → (　　) (第2行)
2. 偶尔 → (　　) (第17行)
3. 混同 → (　　) (第22行)
4. 粗暴 → (　　) (第24行)
5. 中止 → (　　) (第26行)
6. 各自 → (　　) (第26行)
7. 熟悉 → (　　) (第27行)
8. 冷漠 → (　　) (第27行)

B 根据短文选择正确答案

1. 中国人的姓可能来自祖先 ______。
   a) 养的牲畜的名称
   b) 的官衔
   c) 的居所的名称
   d) 的王位
2. "腊梅"这个名字可能代表孩子出生在 ______。
   a) 冬季
   b) 夏季
   c) 春季
   d) 秋季
3. 中国人姓和名排列的顺序强调 ______。
   a) 个人的重要性
   b) 祖父的威严
   c) 父辈的勇猛
   d) 家族的重要性
4. 同姓的陌生人第一次见面，______。
   a) 会感到几分亲切
   b) 如同见到了敌人
   c) 就像见到了亲兄弟
   d) 好像与梦中之人相见

C 根据短文找出四个正确的句子

- ☐ 1. 中国人姓和名的排列十分强调家族成员的共性。
- ☐ 2. 大多数中国人的姓名都没有什么特别的意义。
- ☐ 3. 同姓的人第一次见面丝毫没有亲切感。
- ☐ 4. 有些中国人的名字表达了父母对子女寄托的某种希望。
- ☐ 5. 古时候姓"东郭"的人可能住在城东。
- ☐ 6. 中国人的姓名代表着家族的血缘关系。
- ☐ 7. 自古以来中国人都是随父亲的姓。

D 判断正误，并说明原因 对 错

1. 中国的家族的血缘关系可以体现在姓名中。

原因：______________________________ __ __

2. 中国的母系氏族社会时期距今已五千年有余。

原因：______________________________ __ __

3. 中国人起名字很随便，很少有特定的意义。

原因：______________________________ __ __

4. 若孩子出生时在下雨，则“雨”字可能会出现在孩子的名字里。

原因：______________________________ __ __

5. 如果给孩子起名叫“诚信”，说明父母希望他长大后讲诚信。

原因：______________________________ __ __

6. 同姓的人总觉得他们可能来自同一个家族。

原因：______________________________ __ __

E 从右边的段落大意中找出最合适的

1. 第一段	☐	A 中国人的姓的种类及常见的单、复姓。
2. 第二段	☐	B 中国人姓和名的排列顺序及其意义。
3. 第三段	☐	C 中国人起名时只考虑性别的因素。
4. 第四段	☐	D 中国人姓名的作用。
5. 第五段	☐	E 中国人起名的习惯和特点。
		F 同姓的人性格不尽相同。
		G 中国人的姓的来源。
		H 有关《百家姓》的史料。

二、写作

写一篇博客发表在网上，谈谈中西方在饮食文化方面的异同。

第二单元　参考答案

一、阅读理解

A　1. 独特　2. 往往　3. 区别　4. 温柔

5. 延续　6. 共同　7. 陌生　8. 亲切

B　1. b　2. a　3. d　4. a

C　1　4　5　6

D　1. 对　原因：中国人的姓名……，……是维系家族血缘关系的隐形纽带。

2. 对　原因：中国人的姓产生于五千多年前的母系氏族社会。

3. 错　原因：中国人的名字往往具有一定的含义，……。

4. 对　原因：有的名字包含孩子出生的地点、时间或当时的自然现象。

5. 对　原因：有的名字是希望孩子将来具有某种美德，如“国忠、诚信、有礼”等。

6. 对　原因：同姓的人……，因为彼此可能是同一祖先的后代。

E　1. D　2. G　3. A　4. E　5. B

第三单元

教学目标

- 能就网络对青少年的影响进行辩论
- 能讲述丰富的科技产品给现代人的日常生活带来了哪些影响
- 能就小卖部所卖的食品是否健康谈谈你的看法，并提出建议
- 能看懂比课文难度更大的阅读文章
- 会写辩论稿、日记、记叙文、报道、电邮

语言点

a) **对……来说**：对青少年来说，网络弊大于利。

b) **结果**：这些青少年没有心思读书……结果，他们的学习成绩下降了。

c) **对……没有好处**：还有一些青少年整天生活在网络世界里……这对他们的成长没有好处。

d) **如今**：如今，网络发展很快。

e) **给……带来**：网络也给我们带来了不少负面影响。

f) **跟……沟通、联络**：现在的青少年大都通过网络跟人沟通、联络。

g) **把**：他们把作业答案和论文放在网上卖钱。

h) **好像**：他们上网成瘾，好像每时每刻都在上网。

i) **不管……都……**：不管你在哪儿，都可以通过手机跟人联络。

j) **方方面面**：高科技已经进入了人们生活的方方面面。

k) **通过**：你可以通过手机跟人联络。

l) **不仅……而且……**：丰富的科技产品不仅给人们的日常生活带来了方便，而且也提高了人们的生活质量。

m) **越来越**：网络教育现在越来越普及了。

n) **从……开始**：从本周一开始，快餐食品涨价20%。

o) **奇怪的是**：奇怪的是，相对便宜、健康的盒饭没有吸引更多的学生去吃。

p) **近年来**：近年来，我校学生越来越不重视饮食健康。

q) **不在乎**：他们喜欢吃快餐，就是贵一点儿也不在乎。

r) **一方面……，另一方面……**：一方面不能增加学生午饭的花费，另一方面要“逼”学生改吃健康食品。

第三单元
第7课

网络的利与弊

07

尊敬的主席、评委、正方代表，在座的老师们、同学们：

大家好！

我方今天要辩论的题目是：对青少年来说，网络弊大于利。

如今，网络发展很快。网络在青少年的日常生活中占有很重要的地位。一般人的看法是网络给我们带来了很多正面的影响。但同时，网络也给我们带来了不少负面影响。

第一，在网上，由于同类的信息太多，有时候人们花了很多时间找资料，但是收获不大。

第二，网络上的信息不一定正确、可靠，有些信息会误导网民。由于青少年辨别是非的能力差，所以他们有时候很容易上当、受骗。

第三，有些青少年滥用网络。他们把作业答案和论文放在网上卖钱，还有些人通过网络欺负别人。在网络上，人们不用提供真实的信息，这会使一些青少年养成说谎的习惯。

第四，现在的青少年大都通过网络跟人沟通、联络，因此他们跟人面对面沟通的机会少了。这使他们的交际能力下降了。

第五，有些青少年非常依赖网络。他们上网成瘾，好像每时每刻都在上网。这些青少年没有心思读书，也没有兴趣参加其他有利

提示：

① 在准备讨论此课内容前，建议老师先带领学生回顾第六册课本中有关电脑的章节、内容，帮助学生将新、旧知识联系起来。网络有很多好处，但是也有不少弊端。除了课文中提到的，还有：网络上有一些不适合青少年的内容，或不健康的网站；网上购物可能会上当受骗；在网上可能会交到坏朋友；一些青少年有可能成为“黑客”；有人在网络上发布不适合青少年观看的短片、照片等。网络的虚拟性，容易使青少年沉迷，因此有人说：“网络是一把双刃剑。”老师也可借此与学生继续探讨网络的利弊。

② 本课文的文体是辩论稿，老师应详细讲解，并要求学生记住开头、结尾的格式。

③ 学完此课后可组织学生进行一次辩论，可选用本课课文的题目。

于健康的活动。结果，他们不但学习成绩下降了，而且健康状况尤其是视力也变坏了。还有一些青少年整天生活在网络世界里，不关心周围的事物。这对他们的成长没有好处。

所以我方的结论是：对青少年来说，网络弊大于利。谢谢大家！

生词

1. 网络 wǎngluò Internet
2. 委 wěi committee　评委 píngwěi judge
3. 正方 zhèngfāng (of debaters) those holding affirmative or positive views
4. 在座 zàizuò be present
5. 辩（辯）biàn debate　辩论 biànlùn debate
6. 题目 tímù topic
7. 青少年 qīngshàonián youth
8. 大于 dàyú more than
9. 如今 rújīn nowadays
10. 占有 zhànyǒu occupy
11. 地位 dìwèi position
12. 看法 kànfǎ opinion
13. 同类 tónglèi of the same kind
14. 正确 zhèngquè correct
15. 可靠 kěkào reliable
16. 误导 wùdǎo mislead
17. 网民 wǎngmín netizen
18. 辨 biàn differentiate; distinguish
    辨别 biànbié differentiate; distinguish
19. 是非 shìfēi right and wrong
20. 上当 shàngdàng be deceived
21. 骗（騙）piàn deceive　受骗 shòupiàn be deceived
22. 滥（濫）làn excessively　滥用 lànyòng abuse
23. 案 àn case　答案 dá'àn answer
24. 欺 qī deceive　欺负 qīfu bully
25. 真实 zhēnshí true; real
26. 谎（謊）huǎng lie　说谎 shuōhuǎng tell a lie
27. 交际 jiāojì communication
28. 依 yī depend on
29. 赖（賴）lài rely; depend　依赖 yīlài rely on
30. 成瘾 chéngyǐn become addicted
31. 每时每刻 měishí měikè all the time
32. 心思 xīnsi thought
33. 有利 yǒulì advantageous
34. 结果 jiéguǒ result
35. 整天 zhěngtiān all day
36. 事物 shìwù thing
37. 成长 chéngzhǎng grow up
38. 结论 jiélùn conclusion

口语热身

消化课文

答案（仅供参考）：
1) 反方。
2) 他的看法是：对青少年来说，网络弊大于利。
3) 网络上同类的信息太多，而且信息不一定正确、可靠，有些信息会误导网民。
4) 他们把作业答案和论文放在网上卖钱，还有些人通过网络欺负别人。在网络上，一些青少年养成了说谎的习惯。
5) 他们跟人面对面沟通的机会少了，使他们的交际能力下降了。
6) 他们好像每时每刻都在上网，没有心思读书，也没有兴趣参加其他有利于健康的活动。结果，他们不但学习成绩下降了，而且健康状况尤其是视力也变坏了。还有一些青少年整天生活在网络世界里，不关心周围的事物。这对他们的成长没有好处。

1. 根据课文回答问题

1) 发言者代表辩论会的哪一方？
2) 他对网络有什么总的看法？
3) 网络上的信息有什么特点？
4) 一些青少年是怎样滥用网络的？
5) 经常通过网络与人沟通、联络，结果会怎样？
6) 上网成瘾的后果是怎样的？

2. 根据实际情况回答问题

1) 你们学校经常组织辩论会吗？你参加过几次？辩论过什么题目？你做过正方代表还是反方代表？你们在辩论中赢了还是输了？
2) 你们中文班有没有组织过汉语辩论会？你参加了吗？你们辩论过什么题目？如果有机会让你参加汉语辩论会，你会参加吗？你觉得用汉语辩论有什么好处？
3) 你认为网络在你的生活中占什么地位？网络为你的学习和生活带来了哪些正面的影响？请举两个例子。
4) 你认为网络为你的学习和生活带来了哪些负面影响？请举两个例子。
5) 你每天上网上多长时间？你经常查哪方面的信息？在网上，你上过当、受过骗吗？你对低年级的同学有哪些忠告？
6) 你周围有没有人滥用网络？举一两个例子。
7) 你身边有没有人上网成瘾？请讲一讲他们的情况。你自己呢？请说一说。
8) 你同意本课发言者的观点吗？请讲一讲你对网络的看法。

提示：
此练习可用作单元口试部分的问答题。

1. 完成句子

Ⓐ例子：对青少年来说，网络弊大于利。（第3行）

对我来说，______。

Ⓑ例子：这些青少年没有心思读书……结果，他们的学习成绩下降了。（第24~28行）

有些青少年整天上网。结果，______。

Ⓒ例子：还有一些青少年整天生活在网络世界里……这对他们的成长没有好处。（第29行）

_____，这对他们的身体健康没有好处。

2. 选择其中一个短语造句

Ⓐ例子：如今，网络发展很快。（第5行）

目前/现在

Ⓑ例子：网络也给我们带来了不少负面影响。（第7行）

给……发电邮/打电话/介绍一下

Ⓒ例子：现在的青少年大都通过网络跟人沟通、联络。（第16行）

跟……关系很好/交朋友/谈话

3. 用所给短语造句

Ⓐ例子：他们把作业答案和论文放在网上卖钱。（第13行）

把意见转达给老师

Ⓑ例子：他们上网成瘾，好像每时每刻都在上网。（第22行）

好像一天忙到晚

4. 从课文中找反义词

1) 反方→(正方)(第1行)　　4) 正面→(负面)(第7行)

2) 小于→(大于)(第3行)　　5) 错误→(正确)(第10行)

3) 利 → (弊)(第3行)　　6) 虚假→(真实)(第15行)

口语训练

实际运用

小组讨论

网络已经成为现代人生活中的一个重要部分。你们讨论的题目是：网络对青少年的影响。你们的讨论应包括以下几点：

- 网络有哪些用途？
- 青少年应该怎样正确使用网络？
- 你们是否需要改掉一些使用网络的不良习惯？

例子：

学生1：我们的生活真的离不开网络，因为网络的用途很广，有好多事情可以通过网络来做。通过网络，我们能接触到各种各样的信息，从而扩大了我们的知识面，也开阔了眼界。

学生2：现在的青少年喜欢通过网络做事，比如说，我假期前就常常帮爸爸、妈妈在网上订机票、预订机位、订酒店、买电影票，还在网上购物。

学生3：网络上的东西应有尽有（yīngyǒu jìn yǒu）。我从网络上可以找到作业答案，也可以下载考卷。可是我也知道网络上的一些信息不一定真实，也不可靠，所以说我们青少年要有辨别是非的能力，避免（bì miǎn）上当、受骗。

学生1：网络在青少年的日常生活中占有很重要的地位，但是网络也给青少年带来了不少负面的影

提示：
此讨论题目是"网络对青少年的影响"，因此提醒学生要从正面影响和负面影响两方面来讲：
① 正面影响包括网络带来的方便、知识、交互性、多功能性等。
② 负面影响包括前页课文中的内容，加上"例子"中的内容，以及"参考句子"中的内容。

响。为了安全，我常常在网上用假身份。时间长了，我怕自己会养成说谎的习惯。

学生2：我一到家第一件事情就是上网。我好像大多课余时间都在网上。结果，跟家人的沟通少了，跟人面对面交际的能力也差了，身体和视力都变坏了。

学生3：我身边有些朋友过分依赖网络，上网成瘾，平时没有心思读书。我经常劝他们不要每时每刻上网，要培养一些兴趣和爱好，这样有利于他们的身心健康。

学生1：你说得对。网络确实给我们带来了很多方便，但是我们要时常提醒自己，不要整天上网。如果在网上看到不健康、不适合青少年的内容，不要去浏览。

学生2：我们千万不能滥用网络，在网上欺骗别人，这样会犯法的。

参考句子

a) 通过电脑，我们很容易接触到不健康的网站。经常看这些不健康的内容，对我们的成长不利。我们应该自觉地不去看那些不健康的网站。

b) 现在有很多学生在电脑上玩儿虚拟世界的游戏。在虚拟世界里，他们可以造房子、买家具、养宠物等。玩儿这样的游戏浪费了他们不少宝贵的时间，我不认为他们有什么收获。

c) 网络方便了现代人的生活。很多年轻人通过网络联络、社交，有些人通过网络学习，还有些人通过网络做生意等。

d) 现在是信息爆炸的时代。人们只要一点鼠标，就可以看到五花八门、各种各样的信息。有时你在网上浏览了几个钟头，也没有什么收获，有时候不真实的信息甚至会误导你。

提示：
① 在布置作业前，老师要先带领学生回顾本课课文以及口语训练部分的内容，复习有关电脑、网络的好处，然后再按照要写的内容要求，一项项说出来，最后让学生写出来。
② 注意此任务的写作格式要求是"辩论稿"。

写作训练

实际运用

1. 写辩论稿

写一份正方辩论稿：网络利大于弊。在辩论稿里，你要写到通过网络，青少年能够：

- 接触到丰富的信息
- 从大量的信息中挑选出有用的信息
- 随时随地跟人联络
- 更方便地享受现代人的生活
- 享受网络提供的娱乐
- 做其他事情

文体：辩论稿

辩论稿的正文一般分三部分：
1. 开头应点明辩论题目；
2. 主体部分要突出主题，材料要典型，分析要有力，使听众赞同；
3. 结尾可归纳自己的见解，使听众有完整的印象。

基本格式：

各位评委、主席，各位老师、同学：

大家好！今天辩论的题目是"……"，我方坚决支持/反对……，原因有以下几点：

第一，……；第二，……；第三，……；最后，……。

以上几点已充分证明了……的观点是成立的/不能成立的！

谢谢大家！

参考句子

a) 在网络上，青少年可以接触到各种信息，他们可以从丰富的信息中选择他们需要的。

b) 在网络上，大部分信息是真实、可靠的。如果有不可靠的信息，青少年要学会辨别哪些信息是正确的、可以用的，这给青少年提供了提高辨别能力的好机会。

c) 网络使人们的沟通方便了很多。你随时随地可以给远方的朋友发电邮，也可以通过网络同时跟几个人通话。

d) 你能通过网络找工作、登广告、做生意、购物、传文件等。

e) 网络提供各种娱乐形式，比如下棋、打牌，还可以教你弹吉他、吹笛子等。

f) 由于从小就接触网络，现在的青少年见识广、头脑灵活，有丰富的想象力和创造力。

g) 所以我方的结论是：对青少年来说，网络利大于弊。

96

2. 阅读短文并写回应式作文

假设你认同网络媒体有很多优势，但是你的学习和生活也离不开传统媒体。写一篇网络日志，谈谈网络媒体和传统媒体如何影响你的学习和生活。

网络媒体与传统媒体

今天，网络媒体越来越普及，对传统媒体形成了巨大的冲击。传统媒体会不会在不久的将来被网络媒体代替？

传统媒体一般包括报刊、广播和电视。跟传统媒体相比，网络媒体有很多好处。第一，传统媒体只可以“一对多”单向传播，网络媒体实现了“一对一”、“多对一”和“多对多”的双向传播，使传媒跟受众直接自由交流。第二，网络媒体可以通过互联网高速传播，还可以随时更新，速度快、效率高。第三，网络媒体的信息量大，内容丰富。第四，网络媒体具有全球性，通过互联网把全世界连在了一起。第五，网络使用者只需输入关键字就可以找到他们需要的信息，并可通过下载或打印的方式进行复制。第六，网络媒体融合了文字、声音、图像、动画、视频等多种形式。

可见，网络媒体有它独特的优势，但是并不能完全代替传统媒体，因为网络上的信息有时候缺乏权威性和真实性。浏览互联网必须使用电脑或者手机，花费较高，而且还需要联网，这不是所有人随时随地都能做到的。在网上寻找信息也可能要花费大量时间，因为网上垃圾内容多，重复的内容也多，这时，书籍、报刊、杂志就更有优势。作为传统媒体的电视，它仍然很受大众的喜爱。一家人围在一起观看电视节目会给人一种轻松、愉快、温馨的感觉。广播媒体也在一些特定的场合继续发挥着它独特的作用。

提示：
建议学生按照网络日志的格式来写。
内容可包括：

① 网络媒体具有以下特性：
- 网络媒体实现了双向传播，使传媒跟受众直接自由交流（玩儿游戏、视频电话等）
- 通过互联网高速传播，随时更新，速度快、效率高（看新闻、查资料等）
- 其信息量大，内容丰富（做研究等）
- 把全世界连在了一起（发电邮、上社交网站等）
- 可下载、打印、复制所需信息
- 网络媒体融合了文字、声音、图像、动画、视频等多种形式（可进行图书出版、电影制作、美术设计、乐曲创作等工作）

② 网络也有其弊端：
- 网络上的信息有时候缺乏权威性和真实性
- 在网络上找信息可能要花费大量时间

③ 传统媒体的影响可从以下几个方面谈：
- 在信息的权威性和真实性等方面，书籍、报刊、杂志更有优势（书籍、报刊、杂志里的内容经过编辑，更可靠）
- 家人一起看电视能给人轻松、愉快、温馨的感觉
- 广播媒体也在一些特定的场合继续发挥着它独特的作用（出租车司机、工人等经常听广播；人们做某些运动时也听广播）

阅读与理解

阅读一 阿里巴巴

第一段 “阿里巴巴”集团成立于1998年，总部设在中国的杭州。“阿里巴巴”是目前全球最大的网上交易市场之一，也是全球企业中电子商务(B2B)做得最好的品牌之一。

第二段 马云先生是“阿里巴巴”集团的主要创始人之一，也是该公司的首席执行官。2001年，马云被世界经济论坛选为“全球青年领袖”，2005年被美国《财富》杂志评为“亚洲最具权力的25名商人之一”。2007年，美国《商业周刊》评选马云为“年度商业人物”。

第三段 马云希望把“阿里巴巴”网发展成为普及实用、安全可靠的网络工具，让大众受惠。到2006年底，“阿里巴巴”已经成为拥有超过800万网商的电子商务网站，业务范围遍布200多个国家和地区，每天向全球提供800多万条商业信息，被称为“最受欢迎的B2B网站”。

第四段 2003年，“阿里巴巴”集团创建了淘宝网。淘宝网现在已成为中国最大的网络零售网站，商品非常齐全，从收藏品到工艺品、电子产品、日用品，应有尽有。截至2009年年中，淘宝网的注册用户接近1.45亿。仅仅2009年上半年，淘宝网交易额就达809亿元人民币，相当于2009年上半年全中国消费品零售总额的1.4%。淘宝网已经成为人们网上购物的首选目的地。

第五段 “阿里巴巴”集团快速发展，形成了自己特有的公司文化。在商业上，公司尽量满足客户的需要。公司要求员工做人诚实正直，并鼓励他们持续学习、积极参与，发扬团队精神。公司本身还不断创新，积极面对新的挑战。

第六段 “阿里巴巴”已经向世人证明了它是一个成功的企业，也已完成了它的核心使命：让全世界的商人轻松地做生意。

A 根据短文回答问题

1. 在国际上，马云是个什么样的商人？
   2001 年，马云被世界经济论坛选为“全球青年领袖”，2005 年被美国《财富》杂志评为“亚洲最具权力的 25 名商人之一”。2007 年，美国《商业周刊》评选马云为“年度商业人物”。
2. 马云在公司担任(dān rèn)什么职务(zhí wù)？
   首席执行官。
3. 淘宝(táo bǎo)网是一个什么样的网站？在淘宝网上能买到手机和电脑吗？
   淘宝网是中国最大的网络零售网站。在淘宝网上能买到手机和电脑，因为淘宝网的商品包括电子产品。
4. 为了应对将来的挑战，公司正在做什么准备工作？
   公司本身不断创新，积极面对新的挑战。

B 根据短文选择正确答案

1. “阿里巴巴”集团__a__。
   a) 在20世纪90年代末成立
   b) 的总部设在上海
   c) 只做网络零售(líng shòu)，不做其他业务
2. 马云希望把“阿里巴巴”网发展成为一个__c__。
   a) 最受欢迎的网上购物中心
   b) 专门卖电子产品的网站
   c) 深受用户欢迎的安全、可靠的网络工具
3. “阿里巴巴”集团发展快速，公司要求__a__。
   a) 员工诚实做人，继续进修(jìn xiū)
   b) 每天加班、加点
   c) 经常跟客户沟通
4. 淘宝网办得很成功，因为__b__。
   a) 商户可以在淘宝网上谈生意
   b) 到2009年年中，使用淘宝网的用户有近1.45亿
   c) 淘宝网是全世界最大的一家网络零售网站

C 从右边的段落大意中找出最合适的

1. 第一段 E
2. 第二段 H
3. 第三段 A
4. 第四段 G
5. 第五段 D
6. 第六段 F

A “阿里巴巴”网已成为最受欢迎的电子商务网。
B “阿里巴巴”已经用事实证明它能让全球商人在网上轻松地做生意。
C “阿里巴巴”集团的性质及经营的业务。
D “阿里巴巴”已发展成为有独特公司文化的公司。
E “阿里巴巴”集团从创建到目前的发展。
F “阿里巴巴”集团的核心使命。
G 淘宝网的规模、功绩及在用户心目中的地位。
H 主要介绍马云以及公众对他的评价。

D 根据短文找出四个正确的句子

☐ 1. 马云还担任“阿里巴巴”集团的董事长。
☑ 2. “阿里巴巴”已经成为全球最大的网上交易市场之一。
☑ 3. “阿里巴巴”电子商业网站使用户受惠，业务范围遍布200多个国家和地区。
☑ 4. “阿里巴巴”网站上的信息多而且快，每天向全球提供800多万条商业信息。
☐ 5. 淘宝网也叫电子商务网。
☑ 6. 淘宝网办得非常成功，2009年上半年的交易额高达809亿元人民币。
☐ 7. 从1998年至2009年年底，“阿里巴巴”有注册用户1.45亿。

E 从短文中选出最合适的词语填空

1. 网上购物现在已经相当<u>普及</u>（第8行）了。
2. 马云要求他的员工做人诚实、<u>可靠</u>（第8行）。
3. 淘宝网上货品<u>齐全</u>（第13行），小到一本相册大到大型机器。
4. 马云被公认为<u>成功</u>（第22行）的企业家。

网络游戏

第一段

目前，有相当一部分青少年热衷(rè zhōng)于网络游戏。他们特别喜欢玩儿虚拟(xū nǐ)世界的游戏，原因是玩儿这种游戏时他们可以脱离(tuō lí)现实生活环境，沉浸(chén jìn)在自己的世界里。

第二段

有些网络游戏平台(píng tái)在短时间内迅速发展。据说某一个受欢迎的游戏平台有“常住居民”几百万。这种网络游戏平台为青少年提供了十分有趣(yǒu qù)的虚拟社会环境。在这种虚拟的环境里，青少年有一个自由自在的生活空间(kōng jiān)和社交场所。在这个属于(shǔ yú)他们的世界里，他们可以自由地设定(shè dìng)自己的形象(xíng xiàng)和服装、领养(lǐng yǎng)宠物、设计居所、交朋友、管理自己的资产(zī chǎn)。有数据(shù jù)显示，每天有大约10万种虚拟物品在网上进行“交易(jiāo yì)”。

第三段

了解到这个庞大(páng dà)的网络游戏市场，中国的一家网络游戏公司研发(yán fā)了一款立体网络游戏——海底世界。该游戏集互动性、游戏性、教育性为一体，特别适合青少年群体。在“海底世界”的社区内，用户可以选择成为一条鱼或者其他的海洋生物，然后可以探索(tàn suǒ)、闲逛(xián guàng)、玩耍(wán shuǎ)、交友、装饰(zhuāng shì)自己的小屋、造房筑路、参加海洋知识竞赛、体验集体(jí tǐ)游戏等。在这个虚拟游戏里，无暴力(bào lì)、无色情(sè qíng)，它为青少年提供了一个健康的交流平台和社交场合(chǎng hé)。家长们很放心让孩子玩儿这样的游戏，因为“海底世界”给了孩子们一个开心、丰富多样的世界，培养了他们的创造力和想象(xiǎng xiàng)力。

第四段

这类网络游戏虽然能够鼓励青少年发展个性，开发并培养他们的创造力，但是沉迷(chén mí)于游戏是不利于他们的学业和身心健康的，所以还得适可而止(shì kě ér zhǐ)。

A 从右边的段落大意中找出最合适的

1. 第一段 D
2. 第二段 A
3. 第三段 F
4. 第四段 C

A 网络游戏发展迅速（xùn sù），因为在虚拟（xū nǐ）世界的游戏里，青少年可以自由自在地“生活”。

B 在庞大（páng dà）的网络市场上，游戏公司互相竞争。

C 网络游戏虽然对青少年发展个性有利，但是青少年也要有节制（jié zhì）。

D 青少年热衷（rè zhōng）于玩儿虚拟世界的游戏的原因。

E 家长们普遍鼓励青少年玩儿网络游戏。

F 具体介绍“海底世界”这款很受家长和孩子喜爱的网络游戏。

B 从短文中选出最合适的词语填空

1. 在虚拟__世界__（第2行）里，青少年可以设计自己的形象、管理资产（zī chǎn）等。
2. 网络游戏为孩子们创造了一个属于他们的生活__环境__（第2行）。
3. 在虚拟的环境里，青少年有一个自由自在的活动__空间/场所__（第7行）。
4. 青少年可以通过网络跟他们的__朋友__（第8行）交流、联络。
5. 现在的网络游戏__市场__（第11行）很混乱（hùn luàn），需要监管（jiān guǎn）。
6. 网络给人们提供了一个__交流__（第17行）平台。
7. 有些网络游戏有助于青少年的__个性__（第20行）发展。
8. 教育专家认为经常玩儿网络游戏会对学生的__学业/身心健康__（第21行）不利。

C 从短文中找反义词

1. 现实→（虚拟）（第2行）
2. 拘束（jū shù）→（自由）（第6行）
3. 平面→（立体）（第12行）
4. 普通→（特别）（第13行）
5. 个体→（群体）（第13行）
6. 烦恼→（开心）（第18行）

D 根据短文选择正确答案

1. “热衷于”(第1行)的意思是 b 。
   a) 流行
   b) 非常喜爱
   c) 十分热闹

2. “常住居民”(第5行)的意思是 c 。
   a) 非法的游戏者
   b) 成人居民
   c) 经常玩儿游戏的人

3. “庞大”(第11行)的意思是 a 。
   a) 非常大
   b) 不太大
   c) 最大

4. “适可而止”(第22行)的意思是 b 。
   a) 禁止
   b) 做到适当的程度就应该停止
   c) 开放

E 根据短文找出四个正确的句子

- [ ] 1. 现在只有一小部分青少年沉迷于网络游戏。
- [x] 2. 在网络游戏里，青少年可以购物、造房子等。
- [x] 3. 在玩儿网络游戏时，青少年可以沉浸在他们自己的虚拟世界里。
- [ ] 4. “海底世界”是由政府出资研发的一种网络游戏。
- [x] 5. 在“海底世界”游戏中，游戏者可以选择成为一种海洋生物。
- [ ] 6. 家长不希望他们的孩子玩儿“海底世界”，因为在这个游戏里有色情内容。
- [x] 7. “海底世界”为青少年打开了一个新天地，培养了他们的想象力。

F 根据实际情况回答问题

1. 你喜欢玩儿网络游戏吗？如果喜欢，你最喜欢的是什么游戏？请简单介绍一下这个游戏。

2. 你认为网络游戏有利于青少年的身心健康吗？请举例说明。

提示：

① 本课从科技产品对人们日常生活的影响、对人们学习和娱乐的影响说到对人们交通、旅游的影响。建议老师在组织学生讨论时也可大致按这三个方面来安排。

② 科技产品当然不只是课文中这些，如学生有能力，还可以多补充几个例子，如苹果智能手机、机器人；电子阅读器、互动白板，个人出版成为可能；智能玩具、各类现代交通工具、宇宙飞船等。

③ 如学生汉语水平不高，则应尽量简化课文内容，把原句拆分成短句，让学生容易消化、理解课文内容。

④ 生词表中的词语不用每个都听写，要有选择性，比如选出12-15个听写就可以了。

⑤ 讲解完课文，可让学生书面回答课本106页练习一。

第三单元
第8课

科技产品与生活

08

21世纪科技发展迅速。丰富的科技产品不仅给人们的日常生活带来了方便，而且也提高了人们的生活质量。

高科技已经进入了人们生活的方方面面，科技产品无处不在。如今，家家户户都使用家电产品，如冰箱、自动洗衣机等等，这节省了很多做家务的时间。手机已经成为最普遍的通讯工具。不管你在哪儿，都可以通过手机跟人联络，这缩短了人与人之间的距离。目前，时尚的笔记本电脑、数码相机不但轻巧而且功能多，很受青少年的喜爱。

高科技为人们的学习和娱乐创造了新天地。网络教育现在越来越普及了。人们可以在网上学习远程课程，坐在家里也可以接受教育。通过网络，人们不用买音乐光碟就能听新歌，不用看电视就能知道天下大事，不用见面就能跟人聊天儿。现在，各种电脑软件发展也很迅速。很多青少年可以在电脑上建城市、造房子等，他们好像生活在虚拟世界里。这种活动能培养青少年的想象力和创造力。自从机器宠物问世后，不少人选择养机器狗、机器猫，这不但省时而且省事。

此外，高速列车也使人们的生活更加便利了。以前人们要坐一两天的火车才能到达一个边远的地方，现在只要在火车上睡一晚就能到达目的地了。

科技的发展确实对

104

人们的生活产生了巨大的影响，但是人们对高科技产品也越来越依赖了。这是好事还是坏事，真是天知道！

生词

1. 科技 kē jì science and technology
2. 产（産）chǎn produce　产品 chǎn pǐn product
3. 进入 jìn rù enter
4. 方方面面 fāngfāngmiànmiàn all sides; every aspect
5. 无处不在 wú chù bú zài everywhere
6. 家家户户 jiā jiā hù hù every family
7. 使用 shǐ yòng use
8. 家电 jiā diàn household electrical appliances
9. 自动 zì dòng automatic
10. 讯（訊）xùn message
　通讯 tōng xùn communication
11. 缩（縮）suō shrink　缩短 suō duǎn shorten
12. 距 jù distance　距离 jù lí distance
13. 尚 shàng prevailing custom　时尚 shí shàng fashion
14. 笔记本电脑 bǐ jì běndiànnǎo laptop
15. 数码 shù mǎ digital
16. 相机 xiàng jī camera
　数码相机 shù mǎ xiàng jī digital camera
17. 轻巧 qīngqiǎo light and ingenious
18. 天地 tiān dì the world
19. 普及 pǔ jí popular
20. 远程 yuǎnchéng long-distance
　远程课程 yuǎnchéng kè chéng long-distance course
21. 光碟 guāng dié disc
22. 天下 tiān xià the world
23. 大事 dà shì major issue
24. 软（軟）ruǎn soft　软件 ruǎn jiàn software
25. 迅 xùn fast; swift
26. 速 sù fast; speed　迅速 xùn sù rapid
27. 虚 xū false　虚拟 xū nǐ virtual; fictious
28. 想象 xiǎngxiàng imagine
　想象力 xiǎngxiàng lì imagination
29. 问世 wèn shì come out; be born
30. 省事 shěng shì save trouble
31. 高速 gāo sù high speed
*32. 列 liè row; line　列车 liè chē train
33. 便利 biàn lì covenient
34. 边远 biānyuǎn remote
35. 目的地 mù dì dì destination
36. 确实 què shí really; indeed
37. 产生 chǎnshēng produce
38. 巨 jù huge　巨大 jù dà huge
39. 好事 hǎo shì good deed
40. 坏事 huài shì bad thing

口语热身

消化课文

1. 根据课文回答问题

1) 一些家电产品给人们的生活带来了什么方便？
2) 人们的日常生活中少不了哪些高科技产品？
3) 网络在哪几个方面改变了人们的生活？
4) 如今，人们怎样创造出虚拟世界？
5) 在高速列车出现以前，人们需要多久才能到达远方的目的地？
6) 高科技产品在哪几个方面改变了人们的生活？

答案（仅供参考）：
1) 节省了很多做家务的时间。
2) 冰箱、自动洗衣机等家电产品，还有手机、笔记本电脑、数码相机等。
3) 学习和娱乐方面。
4) 各种电脑软件发展迅速，人们可以在电脑上建城市、造房子等，创造出虚拟世界。
5) 人们要坐一两天的火车。
6) 家务、通讯、学习、娱乐、交通等。

2. 根据实际情况回答问题

1) 请说一说你们家用哪些家电产品？你家现在最离不开什么家电产品？为什么？“科技发展对人们的生活产生了巨大的影响”，你同意这种说法吗？为什么？
2) 你每天用哪几样通讯工具？你觉得有了手机以后，你跟朋友之间的距离缩短了吗？
3) 你有数码相机吗？你是从什么时候开始用数码相机的？你见过、用过传统的照相机吗？传统的照相机跟数码相机有什么不同？
4) 你养过宠物吗？如果让你选择，你会养一般的宠物还是机器宠物？为什么？
5) 你一般用网络的哪些功能？你觉得网络给你的生活和学习带来了哪些方便？请举一两个例子。
6) 如果网上有紧急救护课程，你会选修该课程吗？为什么？你认为通过网络学习远程课程跟在教室里学习有什么不同？
7) 你乘坐火车旅行过吗？你最多坐过几个小时的火车？你有什么感受？
8) 你玩儿过虚拟世界的游戏吗？有些人玩儿虚拟游戏会上瘾，你会吗？为什么？

提示：
此练习可用作单元口试部分的问答题。

1. 完成句子

Ⓐ例子：丰富的科技产品给人们的日常生活带来了方便。（第1行）

______给我带来了很大的压力。

Ⓑ例子：不管你在哪儿，都可以通过手机跟人联络。（第6行）

不管父母怎么反对，我还是______。

2. 选择其中一个短语造句

Ⓐ例子：高科技已经进入了人们生活的方方面面。（第3行）

家家户户 = 每家每户

时时刻刻 = 每时每刻

Ⓑ例子：你可以通过手机跟人联络。（第6行）

通过这次活动/参加义卖会

跟……开玩笑/吵架/商量/合得来

3. 用带点的词语模仿例子造句

Ⓐ例子：丰富的科技产品不仅给人们的日常生活带来了方便，而且也提高了人们的生活质量。（第1行）

尽管空余时间不多，但是我还是抽空跟朋友一起出去玩儿。

因为我昨天没睡好觉，所以今天白天没有精神。

Ⓑ例子：网络教育现在越来越普及了。（第9行）

4. 从课文中找反义词

1) 降低→（ 提高 ）（第2行）　4) 过时→（ 时尚 ）（第7行）

2) 手动→（ 自动 ）（第4行）　5) 麻烦→（ 便利 ）（第19行）

3) 浪费→（ 节省 ）（第5行）　6) 好事→（ 坏事 ）（第27行）

口语训练

实际运用

小组讨论

科技产品对你们的生活、学习有非常大的影响。你们的讨论内容应包括：

- 哪些科技产品对你们的生活、学习影响较大？
- 如果没有这些产品，你们的生活和学习会受到哪些影响？
- 你们觉得应该怎样正确地使用这些科技产品？

例子：

学生1：对一个家庭来说，冰箱、洗衣机、自动洗碗机、吸尘器、烤箱和煤气炉(méi qì)最重要。如果没有这些科技产品的话，我们每天要花很多时间做家务。

学生2：家电产品确实进入了家家户户，影响到我们生活的方方面面。但是，另一方面，现代人越来越不会做家务，越来越懒惰了。我不知道这是好事还是坏事。

学生3：那当然是好事。对我来说，小汽车最重要。如果家里没有车，我来上学就得转几次车，我爸爸每天上、下班至少在路上要花三个小时。科技产品为我们带来了方便，既省时又省事。

学生1：我觉得现代通讯工具，比如手机和电脑，对每个人的影响都很大。现代通讯缩短了人与人之间的距离。我们现在的

提示：

① 建议老师提醒学生熟练掌握本课课文中的内容。加上"例子"中的句子，便已经可以是内容丰富的讨论了。

② 还可以加上电动跑步机、发球机、电动自行车、电子货币、烤箱、面包机等。如学生汉语水平较高，老师还可增加讨论内容：怎样做才能避免青少年过分依赖科技产品。

③ 提醒学生尽量运用"例子"中的句子，以及"参考句子"。

④ 也可将下面的题目用于辩论：科技产品将使人类大脑退化。

生活简直离不开手机和电脑了。

学生2：我很赞同你刚才说的。我现在几乎不买报纸，也不看电视，我从手机和网络上就能及时了解世界上发生的大事。

学生3：科技的迅速发展确实方便了我们现代人的生活，但是也给我们带来了挑战。我们应该正确、合理地使用科技产品，让它们更好地为我们服务。

学生1：我们应该善用科技产品。我认为有了车不等于我们不用走路了；有了计算器不等于我们不用心算了；有了电脑打字不等于我们不用写字了。有些事情一定要我们亲手去做，亲自去学。科技产品不可能完全代替人的大脑和手脚。

参考句子

a) 科技产品无处不在，但是我们不应该完全依赖它们。如果我们每天长时间开车、用电脑，我们的大脑、手脚功能都会退化。

b) 在现代生活里，各行各业都离不开电脑。如果你注意一下，会发现在一些地方，工作人员让你填了表格，然后再把你的资料输进电脑。这不是把一件事做了两遍吗？

c) 有些科技产品虽然能省时、省力、省事，但不环保，比如说洗碗机，费时、费水、费电。

d) 数码相机很轻巧，外出旅游很方便。数码相机样式又时尚，深受年轻人的喜爱。

e) 自从数码相机问世后，我们不用洗照片了，而且每次能拍上千张照片。

f) 有了网络，我们做事既省时又省事。我现在一般不去图书馆借书，在网上我可以查到需要的资料。

提示：

① 在写作文前，老师可先带领学生就青少年在电脑前“一心多用”的现象展开讨论：一边听音乐，一边上MSN，一边上Facebook，时时查看YouTube，还要回答Twitter上的对话，查一下电邮，搜寻一下喜爱的足球队的表现，队员的转会跟进……有的学生甚至同时开启许多个窗口，等等。

② 之后讨论怎样做才能善用电脑，使电脑成为我们的工具，而不是我们成为电脑的工具。

③ 再有，长时间使用电脑的不良后果也可以讨论。

④ 鼓励学生运用“参考句子”。

写作训练

实际运用

1. 写叙述文

你为学校网站写一篇文章，说说虽然电脑功能很多，已经成为一件必不可少的日用品，但是如果不善用电脑，它有可能给我们带来一些负面的影响。在文章中，你要提及：

- 电脑给我们带来了哪些负面的影响？
- 现在青少年用电脑时“一心多用”的现象表现在哪些方面？
- 我们应该怎样善用电脑？

参考句子

a) 在电脑上打字时，电脑能帮我们自动改错。如果长期用电脑打字，结果是我们的拼写和书写能力会越来越差。我认为有些作业应该用手写。

b) 现在的学生每时每刻都在用电脑。很多同学一边做功课一边跟朋友在网上聊天儿，一边听音乐，一边上 YouTube，还随时上脸谱网。我认为这样做会分散注意力，影响学习效果，因为我相信一心不可二用。

c) 电脑是学习的工具，需要时才打开电脑。网络上的资料不能随便抄袭，只能作为参考材料。

d) 有时候用电脑学习效果好，但也不是每一件事都需要用电脑做。所以我们要决定什么时候该用电脑，什么时候不该用。

e) 学生要学会自律，自己要限制使用电脑的时间。

2. 阅读短文并写回应式作文

假设你们学校已开始要求每个学生都带电脑上学，你对此感到又高兴又担心。参照下面的短文，为校报写一篇文章，谈谈你对此事的看法。

电脑是把双刃剑

越来越多的学校要求每个学生都带电脑上学。带电脑上学有好处，也有很多弊端。带电脑上学的好处，有些家长表示怀疑，但也有些家长认为不会用电脑的孩子就相当于现代“文盲”。

支持上学用电脑的家长认为网上的一些测验、练习对学习有帮助。有了自己的电脑，学生可以更专心地学习，老师也有时间和精力照顾到每一个学生。经常用电脑，学生不但对电脑软件更熟悉了，还能学会一些设计，能制作多媒体报告等。而且，学生还可以随时上网查资料。

一些不支持带电脑上学的家长则认为电脑就像电子鸦片。由于中学生的自控能力比较弱，带电脑到学校弊远大于利。他们说，学生在家里、课下用电脑做功课、查资料、跟朋友沟通等已经花去了很多时间。如今学生再带电脑到学校，课上也用电脑，这样学生会过分依赖电脑，独立思考的空间也就少了。

更有一些家长强烈反对学校让学生带电脑上学。因为他们认为网络游戏太刺激、紧张，有些学生玩儿了一场还想再玩儿。除了课下和晚上玩儿游戏以外，学生们很有可能在课堂上也玩儿，或者心里一直盼着下课铃快点儿响。这样，学生上课无法专心，学习效果一定会受到影响。而且，每个学生大多数时候都抱着一部电脑，不再互相交流，他们的社交能力也会下降。用电脑太久，对学生的身体和视力都不好。

看来，电脑走进教室是一种趋势。那么，该怎样利用电脑这把双刃剑，让电脑既能更好地为教学服务，又尽量减少对学生的负面影响，将是一个令人头疼的问题。

提示：
建议学生按照评论文章的格式来写。
内容可包括：

① 带电脑上学有好处：
- 网上的一些测验、练习对学习有帮助
- 有了自己的电脑，学生可以更专心地学习
- 老师有时间和精力照顾到每一个学生
- 学生不但对电脑软件更熟悉，还能学一些设计，制作多媒体报告
- 学生可随时上网查资料

② 带电脑上学也有很多弊端：
- 电脑就像电子鸦片
- 学生在家里、课下用电脑已花去了很多时间
- 带电脑到学校，课上也用电脑，学生会过分依赖电脑，独立思考的空间少了
- 学生可能在课堂上玩儿游戏，或盼着快下课，上课无法专心，学习效果受影响
- 每个学生都抱着一部电脑，不再互相交流，社交能力会下降
- 用电脑太久，对学生的身体和视力都不好

阅读与理解

阅读一　电子时代

第一段　我们生活在电子时代。如果让你现在就关掉手机、关掉电脑，你会有什么感觉？你是否会觉得时间停顿了，生活没有意思了？如果你留意一下公交车上的乘客，是否有的人在看手机，__①__人在打电话，有的人在听音乐？如果你留心一下咖啡馆，是否看到大部分人不是在笔记本电脑上发电邮、浏览信息，__②__在手机上发短信或者玩儿电子游戏？如今，24小时不关手机甚至不关电脑已经非常普遍了。

第二段　没有人统计过我们每个人每天在电脑和手机上浪费了多少时间。但我们中有很多人已经很久没有去图书馆，很久没有用笔写信了，__③__电子产品给我们带来了太多的方便。上班族中的绝大部分人每天早上一到单位__④__会打开电脑，随便在网上看看，时间就不知不觉地过去了，甚至有的人一上午几乎干不了什么。几乎每个中学生放学回到家做的第一件事就是打开电脑，在网上闲逛几个小时后__⑤__开始做作业。

第三段　电子产品不断地改变着我们每个人的学习、工作和生活习惯。我们也已经不知不觉地成了工具的工具。仔细想一想，我们每个人每天都依赖电子产品，其实我们多少都会有一些“电子产品依赖症”的症状。虽然我们的生活越来越电子化，电子产品也改善了我们的物质生活，带来了许多便利，但是我们在享受的同时也失去了很多。

第四段　今天，让我们回到家就关掉手机、电脑、游戏机、音乐播放器吧！让我们再像以前那样，跟朋友、跟家人欢聚，面对面地沟通，让生活重新变得__⑥__有意义吧。

A 从下面的方框里为短文选择最合适的词语填空

有时	就是	就	才	更	虽然	因为	有的

1. 有的　　2. 就是　　3. 因为

4. 就　　5. 才　　6. 更

B 根据短文选择正确答案

1. “留意”(liú yì)(第3行)的意思是 a 。
   a) 注意
   b) 检查
   c) 去意大利留学

2. “上班族”(第9行)的意思是 c 。
   a) 大学生
   b) 一群人
   c) 办公室职员(zhí yuán)

3. “单位”(dān wèi)(第10行)的意思是 c 。
   a) 一套住房
   b) 单车停放位
   c) 工作的地方

4. “不知不觉”(bù zhī bù jué)(第10行)的意思是 b 。
   a) 不知道就不睡觉
   b) 自己没有意识到
   c) 知道，也有感觉

C 根据短文回答问题

1. 如今，在咖啡馆里，你会看到什么景象(jǐng xiàng)？
   大部分人不是在笔记本电脑上发电邮、浏览信息，就是在手机上发短信或玩儿电子游戏。
2. 现在的中学生放学回家后一般先做什么？
   先打开电脑，在网上闲逛几个小时。
3. 文中“工具的工具”(第15行)中第一个工具是指什么？
   电子产品。
4. 作者认为哪些人有“电子产品依赖症(zhèng)”的症状(zhèngzhuàng)？
   我们每个人多少都会有一些“电子产品依赖症”的症状。

D 从右边的段落大意中找出最合适的

1. 第一段 F
2. 第二段 B
3. 第三段 A
4. 第四段 D

A 人们过分(guò fèn)依赖电子产品的后果。

B 电子产品为人们的生活带来了方便，也使人们浪费了大量时间。

C 电子化的生活给人们带来的各种疾病(jí bìng)。

D 提醒人们该重温(chóngwēn)以往的美好生活。

E 电子产品是工具。

F 电子时代人们时刻依赖电子产品。

G 绝大部分现代人经常去图书馆、用手写信等。

E 判断正误，并说明原因

	对	错
1. 大部分人在乘坐公共交通工具时会使用电子产品。 原因：如果你留意一下公交车上的乘客，是否有的人在看手机，有的人在打电话，有的人在听音乐？	√	
2. 如今人们的生活已经离不开手机、电脑。 原因：如今，24小时不关手机甚至不关电脑已经非常普遍了。	√	
3. 电子产品并没有给人们的学习、工作和生活习惯带来什么变化。 原因：电子产品不断地改变着我们每个人的学习、工作和生活习惯。		√
4. 由于人们依赖电子产品，所以差不多每个人都有一些“电子产品依赖症(zhèng)”的症状(zhèngzhuàng)。 原因：其实我们多少都会有一些“电子产品依赖症”的症状。	√	
5. 跟过去相比，现在的人跟家人面对面的沟通变少了。 原因：让我们再像以前那样，跟朋友、跟家人欢聚，面对面地沟通，……。	√	

阅读二

数码时代的青少年

数码时代对社会的各个方面都产生了巨大的影响。这种影响既有积极的一面也有消极的一面。大多数人认为，积极的影响大大超过消极的影响。网络、电子邮件、博客以及互动和超现实的电子游戏将会使年轻一代更聪明，更有知识，而且对国家的政治以及国际事务有更多的兴趣。不过，有些教育专家和社会学家却不太乐观，提醒人们数码时代正在使年轻一代变成知识贫乏的一代。

在数码时代，年轻一代每时每刻都通过各种电子工具来消磨时间。他们白天忙着用手机打电话、发短信、跟朋友聊天儿或查看留言；晚上忙着写博客，设计有个人特色的网页，浏览朋友的网页或在网上闲逛。所有这些花去了他们大量的时间。他们中有些人只关心自己及跟自己有关的社交小圈子。数码时代的电子工具正好为这一代青少年提供了方便与可能。

如今，很多青少年不读书、不看报、不阅读文学作品，更不会去博物馆。他们不关心发生在自己身边的其他事情，也不想了解历史或是掌握实际的技能。虽然他们发电邮、写博客、在网上浏览一大堆信息，但是他们的实际阅读和写作水平正在下降。

教育家和社会学家担心，如果社会、学校和家长对青少年不严格要求，过于放纵和溺爱，最后的受害者还是年轻的一代。这些青少年需要老师和家长的正确引导。只有这样，他们才能真正利用数码产品的优势，使自己变得更聪明，更有时代感。

A 从短文中找反义词

1. 消极→(积极)(第2行)
2. 丰富→(贫乏)(第6行)
3. 夜晚→(白天)(第8行)
4. 麻烦→(方便)(第12行)
5. 上升→(下降)(第16行)
6. 错误→(正确)(第19行)

B 根据短文找出四个正确的句子

☑ 1. 大多数人认为，数码时代为社会带来的消极(xiāo jí)影响很小。

☐ 2. 写电邮及博客(bó kè)可以提高一个人的阅读和写作水平。

☑ 3. 如今，年轻一代主要的休闲(xiū xián)活动都跟电子产品有关。

☑ 4. 在年轻的一代中，有些人对历史和实际的技能没兴趣。

☐ 5. 如今，绝大多数青少年在网上阅读古典名著(míng zhù)。

☑ 6. 有些教育家和社会学家不看好当代的青少年。

☐ 7. 青少年能自觉(zì jué)地善用(shànyòng)数码产品。

C 从短文中选出最合适的动词填空

1. 电子产品对现代人的生活_产生_（第1行）了很多影响。
2. 教师和家长应该经常_提醒_（第5行）青少年善用电子产品。
3. 如今，大部分人看到电脑就想_查看_（第8行）电邮。
4. 电子工具为人们相互间的交流_提供_（第12行）了方便。
5. 通过学习，我更进一步_了解_（第14行）了这门学科。
6. 青少年一有时间就喜欢在网上闲逛(xiánguàng)，_浏览_（第15行）一大堆信息。
7. 课上，老师_要求_（第18行）学生认真听讲。
8. 他打算_利用_（第19行）暑假做专题论文。

116

D 从右边找到最适合的部分完成下列句子

1. 数码时代对社会 C
2. 教育专家担心 A
3. 如今，青少年 E
4. 现在年轻一代的写作水平 D
5. 善用数码产品 H
6. 只有真正利用数码产品的优势（yōu shì）， I

A 年轻一代将来可能会很无知。
B 娱乐活动与电子产品无关。
C 产生了积极和消极（xiāo jí）的影响。
D 越来越差了。
E 对书籍（shū jí）、报纸没有兴趣。
F 的青少年一点儿都不自私。
G 对青少年管教得太严。
H 能对青少年产生积极的影响。
I 青少年才会变得更聪明，有时代感。

E 根据短文选择正确答案

1. “乐观”（第5行）的意思是 a 。
   a) 对事物的发展充满信心
   b) 令人高兴
   c) 高兴地观看
2. “消磨（xiāo mó）”（第7行）的意思是 c 。
   a) 留住
   b) 节约
   c) 度过时间
3. “社交”（第11行）的意思是 b 。
   a) 社区交通
   b) 人与人的交际往来
   c) 社团活动
4. “放纵（fàngzòng）”（第18行）的意思是 a 。
   a) 不管教
   b) 严格（yán gé）要求
   c) 管得严
5. “溺爱（nì ài）”（第18行）的意思是 a 。
   a) 过分宠爱
   b) 爱得太少
   c) 缺少爱
6. “引导（yǐn dǎo）”（第19行）的意思是 b 。
   a) 吸引
   b) 带领（dài lǐng）
   c) 演讲

提示：

① 本课文的文体形式是报道。建议老师在讲解课文前先讲解报道的格式要求，把握"倒金字塔"结构（见课本第124页）

② 在组织学生讨论本课内容时，可引导学生根据学生所在学校、国家/地区的具体情况来讨论，结合课文内容，能收到更好的效果。

③ 讨论也可以从现代疾病开始说起，可以放一些短片或图片，接着讨论引发这些现代疾病，以及使得患上这些现代疾病的年龄提前的主因是什么，并找出预防的办法。

④ 没有学过第六册的学生，还可讨论"食物金字塔"的内容，并讲述个人的饮食习惯，也可以就自己所熟悉的某一现代病患者的情况来讨论。

⑤ 讲解完所有生词后，讲解课文。之后做课本120页的练习一，要求学生书面作答。如时间允许，也可让学生回答练习二中的题目，先口头回答，再书面作答。

第三单元
第9课

健康的饮食习惯

从本周一开始，我校快餐食品，比如比萨饼、汉堡包等都涨价20%，但是荤素搭配的盒饭降价20%。奇怪的是，相对便宜、健康的盒饭没有吸引更多的学生去吃。喜欢吃快餐的学生照样吃快餐，因为他们习惯了。

学校餐厅为什么要调整饭菜的价格呢？近年来，我校学生普遍偏食，而且越来越不重视饮食健康。他们特别爱吃快餐及各种垃圾食品。这些不良的饮食习惯影响了他们的身体发育和健康。校医指出，多吃快餐尤其是高糖及油腻食品，直接影响了学生的身体素质，有害健康。有些学生已经得了肥胖症、高血压、高血脂等疾病。虽然学校餐厅想了一些办法来吸引学生多吃健康食品，但是效果不明显。上学期末，校方、学生会跟餐厅商量并决定上调快餐的价格，希望吃快餐的学生改吃健康的盒饭。

学生会今天分别采访了二十名七年级和十一年级的学生。采访的结果令人遗憾：多数学生表示，餐厅供应的盒饭不好吃，还有人说他们喜欢吃快餐，

就是贵一点儿也不在乎。

看来，盒饭不能够代替快餐，高价的快餐食品也不会吓跑学生。学校和学生会还得再跟餐厅商量，一方面不能增加学生午饭的花费，另一方面要“逼”学生少吃快餐，改吃健康食品，从而改掉不良的饮食习惯。

（胡小丽报道）

生词

1. 涨（漲）zhǎng rise　涨价 zhǎng jià rise in price
2. 荤（葷）hūn meat or fish
3. 搭配 dā pèi mix in proportions
4. 降价 jiàng jià cut down the price
5. 怪 guài strange　奇怪 qí guài unexpected; strange
6. 相对 xiāng duì relatively
7. 照样 zhàoyàng as before; as usual
8. 价格 jià gé price
9. 偏 piān partial
   偏食 piān shí (have a) partiality for a particular kind of food
10. 发育 fā yù growth
11. 指出 zhǐ chū point out
12. 直接 zhí jiē directly
13. 素质 sù zhì quality
14. 害 hài harm　有害 yǒu hài be harmful to
15. 症 zhèng symptom
    肥胖症 féi pàngzhèng obesity
16. 血压 xuè yā blood pressure
    高血压 gāo xuè yā high blood pressure
17. 血脂 xuè zhī blood fat
18. 疾 jí disease　疾病 jí bìng disease
19. 效果 xiàoguǒ result
20. 上调 shàngtiáo raise
21. 遗（遺）yí leave behind
22. 憾 hàn regret　遗憾 yí hàn regretful
23. 供应 gōngyìng supply
24. 在乎 zài hu care about; mind
25. 能够 nénggòu can; be able to
26. 代替 dài tì replace
27. 高价 gāo jià high price
28. 吓（嚇）xià frighten; scare
29. 一方面……，另一方面…… yì fāngmiàn……, lìng yì fāngmiàn…… on the one hand..., on the other hand...
30. 报道 bàodào report

口语热身

消化课文

1. 根据课文回答问题

1) 这个星期，学校餐厅饭菜的价格有什么变化？结果怎样？

2) 学校的餐厅为什么要调整饭菜的价格？

3) 由于吃快餐过多，有些学生得了什么疾病？

4) 谁决定上调快餐的价格？

5) 学生会采访二十名学生的结果为什么令人遗憾？

6) 学校和学生会下一步想怎么做？他们想达到什么目的？

2. 根据实际情况回答问题

1) 你们学校有餐厅吗？餐厅都卖些什么食品？你一般午饭吃什么？吃一顿午饭，你一般要花多少钱？

2) 餐厅卖的饭菜价格怎么样？哪些食品比较贵？哪些食品比较便宜？如果快餐价格上调50%，你觉得吃快餐的人会减少吗？为什么？

3) 你们学校有没有想办法让学生们少吃快餐？想了什么办法？办法有效吗？

4) 如果学校餐厅停止(tíng zhǐ)供应垃圾食品，比如薯条、汉堡包、可乐等，学生们会怎么想？

5) 你们学校餐厅饭菜的价格是谁决定的？学生会的成员可以参与决定饭菜的价格吗？为什么？

6) 在你周围的同学当中，偏食、挑食的人多吗？他们喜欢吃什么？不喜欢吃什么？

7) 你认为现在大部分青少年的饮食习惯健康吗？为什么青少年特别喜欢吃快餐？

8) 你觉得你的饮食习惯健康吗？你怎样保持(bǎo chí)饮食的均衡？

120

答案（仅供参考）：

1) 快餐食品涨价20%，荤素搭配的盒饭降价20%。结果是便宜、健康的盒饭没有吸引更多的学生去吃，喜欢吃快餐的学生照样吃快餐。

2) 因为近年来学生普遍偏食，越来越不重视饮食健康。调整饭菜价格是希望吃快餐的学生改吃健康的盒饭。

3) 有些学生已经得了肥胖症、高血压、高血脂等疾病。

4) 校方、学生会跟餐厅负责人。

5) 多数学生表示，餐厅供应的盒饭不好吃，还有人说喜欢吃快餐，就是贵一点儿也不在乎。

6) 学校和学生会还得再跟餐厅商量，一方面不能增加学生午饭的花费，另一方面要“逼”学生少吃快餐，改吃健康食品。目的是让学生们改掉不良的饮食习惯。

提示：
此练习可用作单元口试部分的问答题。

语言难点

1. 完成句子

Ⓐ 例子：从本周一开始，快餐食品涨价20%。（第1行）

从今天开始，____。

Ⓑ 例子：奇怪的是，相对便宜、健康的盒饭没有吸引更多的学生去吃。（第2行）

有趣的是，______。

Ⓒ 例子：多吃快餐尤其是高糖及油腻食品，有害健康。（第8行）

________有害健康。

2. 选择其中一个短语造句

Ⓐ 例子：近年来，我校学生越来越不重视饮食健康。（第5行）

上个学期/今年年初/二十一世纪

Ⓑ 例子：他们特别爱吃快餐及各种垃圾食品。（第6行）

十分/非常/挺/最/相当

Ⓒ 例子：他们喜欢吃快餐，就是贵一点儿也不在乎。（第24行）

离不开/少不了/不得了/舍不得

3. 用所给词语造句

例子：一方面不能增加学生午饭的花费，另一方面要"逼"学生改吃健康食品。（第28行）

一方面　健康食品

另一方面　锻炼身体

4. 从课文中找反义词

1) 降价→(涨价)(第2行)
2) 素 → (荤)(第2行)
3) 正 → (偏)(第6行)
4) 轻视→(重视)(第6行)
5) 间接→(直接)(第9行)
6) 少数→(多数)(第20行)

口语训练

实际运用

角色扮演

在这个口语练习中有四个角色：校长、小卖部经理、家长代表和学生会主席。你们讨论小卖部应该怎样让学生少吃快餐，少喝饮料，多吃健康食品。你们讨论的内容应包括：

- 小卖部将采取（cǎi qǔ）哪些措施（cuò shī）？
- 新菜单将试用（shì yòng）多长时间？
- 希望有什么结果？

例子：

校长：最近学生会作了一项调查，发现学校餐厅卖的食品大都是西式快餐。这些食物都含有高蛋白、高盐、高糖和高脂肪。在校期间，学生不爱喝水，他们通常买饮料喝。这样的饮食习惯使学生上课时思想不能集中。调查还发现，超重的学生比以前多了，有些学生还得了肥胖症、高血压等疾病。

家长：我认为快餐食品直接影响了学生的身体素质和发育。为了学生的学习和身体健康，学校餐厅应该多卖健康食品，少供应快餐。在课间休息及午饭时间不卖糖果和饮料。我希望学校餐厅在这方面改进一下。

经理：学生的饮食习惯和健康状况不完全是小卖部的责任。为了让学生少吃快餐，我们已经上调了快餐的价格，希望高价的快餐能吓跑学生，可是很多学

122

提示：

① 此口语练习紧密联系课文内容，所以要提醒学生对课文内容熟悉、掌握。

② “例子”中的内容难度与课文相当，学生可按角色接着讨论下去，注意运用“参考句子”。

③ 如果学生汉语水平较高，老师还可多补充些讨论内容，比如学校（饮料出售机、餐厅）不卖可乐，减少所卖油炸食品的数量，增加盒饭的品种，丰富、改进菜式和口味，请校外人士来讲讲健康的重要性，以及现代疾病的严重性，等等。

生照样会吃。如果学校不让我们卖快餐，我们没有问题。可是如果学生要求我们卖快餐食品，那怎么办？

主席：学生确实喜欢吃快餐，这是事实。我们现在是要想办法，而不是责怪小卖部。我认为小卖部提供的食物既要荤素搭配又要有营养。

校长：小卖部应先起草一个菜单，有些食品要降价，有些还要涨价。看来，我们不得不减少快餐品种。

主席：我同意，但我觉得涨价了的快餐学生还是会买的。

家长：是啊！如果这样的话，小卖部就会从学生那里赚更多的钱。

校长：快餐的价格不能太高。新的菜单出来后，我们先试用一个月，看看效果怎么样，然后再开会讨论、商量。

经理：没问题。

参考句子

a) 上调快餐的价格是其中一个措施。我们还应该教育学生，使他们认识到吃太多的快餐会影响身体健康。

b) 小卖部应该停止供应快餐，只提供有营养的食品。

c) 要增加盒饭的品种，供应适合学生口味的盒饭，这样就能吸引更多的学生来买。

d) 我发现我们学校有一部分学生偏食，每天只吃煎炸食品、喝饮料。时间长了，他们的健康会受影响。

e) 我们学校有个奇怪的现象：高价快餐照样有人吃。这个现象令人遗憾。快餐食品一方面适合学生的口味，另一方面学生也买得起。所以，涨价不是解决问题的办法。

f) 我们决定下个月 10 号再开会，看看新菜单效果怎么样，是否吃快餐的学生人数会减少，吃盒饭的人数会增加。然后再决定下一步该怎么做。

提示：

① 此写作练习要求学生写一篇报道。写之前，建议老师带领学生回顾报道的格式，模仿课文来写。

② "健康午餐"委员会跟各校餐厅合作的方法可能是：集训各校餐厅的主管或大厨，提高他们的厨艺；为各校餐厅的主管或厨师开讲座，讲解青少年阶段饮食与健康的重要性。可先在某一学校办一个试点，然后请其他学校的有关人员来参观、学习，等等。

写作训练

实际运用

1. 写报道

你所居住地区的中小学为学生提供的午餐不太健康。本地政府拨款(bō kuǎn)组织了一个"健康午餐"委员(wěi yuán)会(huì)，配合各学校餐厅的工作，力争为学生提供健康的午餐。请为某一份报纸写一篇报道，报道中要提及：

- "健康午餐"委员会是怎样跟各学校餐厅合作的？
- 学校餐厅提供的午餐有了哪些改变？
- 学生的饮食习惯有了哪些转变？

文体：报道

新闻报道的题目要醒目、点明主题，让读者对报道的内容一目了然。

报道多数为倒金字塔结构：

1. 开头一定先告诉读者4个主要元素，即人物、事件、时间、地点，也就是将最重要的内容放在最前面；
2. 然后按照事件重要程度先后排序，仔细描述事件过程；
3. 结语要求简洁、有力，强调该新闻的意义与影响。

全文要注重客观、可信的新闻性质和价值，突出真实性。

参考句子

a) 从今年的1月1日起，本地政府组织了一个"健康午餐"委员会。这个委员会的成员由营养师、校长代表、学校餐厅主管、学生代表组成。他们的首要任务是对本地区的每一所中小学提供的午餐作一个全面的调查，然后决定如何跟学校餐厅配合，争取为每一位中小学生提供健康的午餐。

b) 这个"健康午餐"委员会还特意聘请了几位营养厨师，为学校餐厅出谋划策。营养厨师还对每个学校餐厅的卫生情况及烹饪方法提出了改进的意见，并亲自掌厨，培训餐厅的厨师。

c) 现在，各所学校的餐厅再也不提供高糖、多盐、高脂肪和油腻的食品。午餐都是荤素搭配、营养丰富的饭菜，满足青少年身体发育的需要，保证他们健康成长。

124

2. 阅读短文并写回应式作文

写一封电邮给你国外的朋友，告诉他/她香港人饮茶是怎么回事以及饮茶在香港人的生活中如何重要。

香港人爱饮茶

饮茶是香港人生活的一部分。在香港，不论有钱人还是一般百姓都有饮茶的习惯，区别仅仅是酒楼的地点、名气、豪华程度以及点心的价格。香港人饮茶，不单是为了品茶、吃点心，更重要的是与朋友、同事以及家人一边闲聊，一边享受美食，共度美好时光。

港式饮茶一般分为早市、午市及下午茶，从早上七点到晚饭前都有地方可以饮茶。部分酒楼更会在下午茶时段提供优惠，例如特价点心或免茶水费等。每逢周末、节假日，茶楼、酒楼门口都有人群轮候位子。平时快节奏的香港人，只有在这时才真正慢下来。

待客人坐下后，便有侍应生送上热茶，当然客人也可以点喜欢的茶。香港人吃点心时通常喜欢喝普洱、铁观音、香片茶等等，以达到去油腻的效果，尤其是普洱，消脂去腻效果最佳。客人可以在固定的餐单上用笔在想吃的点心旁打勾，随后几分钟内点心就会送上来。客人也可以顺便跟推点心车的阿婶点。点完后送上饮茶单，由阿婶在上面盖上一个小戳。点心的品种有叉烧包、烧卖、萝卜糕等。除了这些咸点，还有甜点，比如奶皇包、麻球、芒果布丁等。这一餐茶可以饮到午后。

老年人一般会一大早就到茶楼等开门，相熟的会坐在一围，称为"搭台"，天天如此。他们边看报纸边吃喝、交谈，约早上八九点钟就喝完第一轮。一家大小多数会晚些时候才去茶楼饮茶。

"得闲饮茶"，香港人经常这样相约。

提示：

建议学生按照非正式电邮的格式来写。内容可包括：

- 饮茶是香港人生活的一部分
- 香港人饮茶，更重要的是与朋友、同事以及家人一边闲聊，一边享受美食，共度美好时光
- 港式饮茶一般分为早市、午市及下午茶，从早上七点到晚饭前都有地方可以饮茶
- 每逢周末、节假日，茶楼、酒楼门口都有人群轮候位子
- 平时快节奏的香港人，只有在这时才真正慢下来
- 香港人吃点心时通常喜欢喝普洱、铁观音、香片茶等，以达到去油腻的效果
- 点心的品种有叉烧包、烧卖、萝卜糕等
- 除了咸点，还有甜点，比如奶皇包、麻球、芒果布丁等
- "得闲饮茶"，香港人经常这样相约

阅读与理解

阅读一　台湾小吃

台湾的小吃可以说是名扬天下。从台南、台中①台北，在每座城市的夜市上都有品种丰富、价廉物美而且很有特色的小吃。

珍珠奶茶是台湾人发明的一种饮品。在台湾的任何一个奶茶摊位，你都能品尝到几十种甚至上百种不同口味的珍珠奶茶。珍珠奶茶是在红茶里加入鲜奶及粉圆。珍珠奶茶香浓可口，深受人们的喜爱。

炭烤臭豆腐也是一种流传已久的台湾小吃。豆腐经过发酵后，先用油炸，然后用炭烤，将多余的油逼出，外皮具有香酥的口感。外酥里嫩的臭豆腐再配上酸甜、清脆的泡菜，真是美味②。

台湾另一种小吃——大肠包小肠，可以说是最具人气的美食。其实，大肠就是糯米肠，小肠是指香肠。这种小吃的口味众多，有原味、辣味、黑胡椒味等，相信总有一种是你喜欢的。

太阳饼是台湾的一种点心，其特点是：皮薄、酥香、馅儿软。饼皮有上百层，放在嘴里即刻就化。太阳饼吃起来不甜③不腻，口感很好，回味无穷。

凤梨酥是台湾最受欢迎的糕点之一。凤梨酥的馅儿是由菠萝、冬瓜和麦芽糖做成的，不黏牙，甜而不腻，外皮酥香，吃起来既爽口④有菠萝的香味。每个到台湾旅游的人⑤会买几盒凤梨酥带回家。

台湾的小吃多得数不清。最好的办法是亲自去一趟台湾，亲口尝一尝。你一定会惊叹，台湾的小吃不但继承了传统的中国小吃特色，⑥还把中国的美食发扬光大。

A 从下面的方框里为短文选择最合适的词语填空

又　极了　而且　也　但是　都　因此　到

1. 到
2. 极了
3. 也
4. 又
5. 都
6. 而且

B 根据短文找出四个正确的句子

- [ ] 1. 台湾的小吃好吃但是一般挺贵。
- [x] 2. 台湾人用红茶做珍珠(zhēn zhū)奶茶。
- [ ] 3. 用来配炭烤臭(tàn kǎo chòu)豆腐的泡菜又酸又辣。
- [x] 4. 大肠包小肠的口味多种多样。
- [ ] 5. 太阳饼的馅(xiànr)儿里有菠萝。
- [x] 6. 去台湾旅游的人都爱买凤梨酥(fèng lí sū)带回家。
- [x] 7. 台湾的小吃数都数不过来。

C 根据短文选择正确答案

1. "价廉物美(jià lián wù měi)"（第2行）的意思是 c 。
   a) 东西的价格贵但好看
   b) 好看的东西没有标价
   c) 东西的价钱低，质量高

2. "流传(liú chuán)已久"（第6行）的意思是 a 。
   a) 传下来或传播(chuán bō)开很长时间了
   b) 流失了很久
   c) 刚刚出名

3. "最具人气"（第9行）的意思是 b 。
   a) 很多人
   b) 最受欢迎
   c) 有人生气

4. "上百层"（第13行）的意思是 c 。
   a) 正好100层
   b) 不到100层
   c) 100层以上

D 判断正误，并说明原因

对 错

1. 只有很少一部分人知道台湾的小吃出名。

   原因：台湾的小吃可以说是名扬天下。（错 √）

2. 珍珠奶茶的口味只有十几种。

   原因：……你都能品尝到几十种甚至上百种不同口味的珍珠奶茶。（错 √）

3. 炭烤臭豆腐就是直接用炭烤臭豆腐。

   原因：豆腐经过发酵后，先用油炸，然后用炭烤，……。（错 √）

4. 大肠包小肠中的大肠是糯米做的。

   原因：其实，大肠就是糯米肠，小肠是指香肠。（对 √）

5. 太阳饼的特点是甜而不腻。

   原因：太阳饼吃起来不甜也不腻，……。（错 √）

6. 凤梨酥在台湾小吃中是最受游客欢迎的。

   原因：凤梨酥是台湾最受欢迎的糕点之一。（错 √）

E 给下列词语配上最合适的解释

1. 名扬天下（第1行） C
2. 多余（第7行） E
3. 即刻（第13行） A
4. 无穷（第14行） G
5. 继承（第19行） F

A 立即；马上。
B 没有钱。
C 非常出名。
D 无时无刻。
E 不必要的。
F 接受前人遗留下来的东西。
G 没有限度。

阅读二

中国的面条

中国人一直有吃面条的习惯。吃面条＿①＿能填饱肚子，还有民俗礼仪的意义，比如过生日时往往少不了吃面条。因为面条又长又细，细的意思是瘦，而瘦则与“寿”谐音，＿②＿过生日吃的面条又称长寿面。吃长寿面是中国的传统习俗。

中国的面条，有的细如丝线，有的宽如腰带，形式数不胜数。面条的制作方法又有很多种，有擀、切、削等等，＿③＿多种烹饪方法，如煮、炒、煎、炸等。吃面条的习俗有着悠久的历史，各地都有自己不同风味的面条。以下介绍几种有名的面条。

上海的阳春面用海米（上海人称为“开洋”）、葱油拌面条，所以阳春面＿④＿叫海米葱油拌面。一碗美味的阳春面讲究面条滑爽，海米鲜美，葱油喷香。阳春面的汤是用猪骨熬出来的，特别鲜美。

炸酱面是北京富有特色的面食。所配材料一般是黄瓜、豆芽等。炸酱的做法是把肉丁及葱姜等放在油里炒，＿⑤＿加入甜面酱。最后把煮熟的面条放在碗里，浇上炸酱，并拌以所配材料。炸酱面做起来很方便，面条里既有肉又有菜，深受以面食为主食的北方人的喜爱。

担担面是最具代表性的四川小吃。其做法是在煮熟的面条上浇上炒制的猪肉末。一碗地道的担担面讲究面条筋道、味道麻辣、色泽鲜红、香气扑鼻。

刀削面是山西人日常喜爱的面食。厨师一手拿刀直接把面条削进开水锅里煮。吃刀削面＿⑥＿可以配番茄酱、肉炸酱等，并配上应时蔬菜。吃刀削面可以饱口福，而观看刀削面的制作则饱了眼福。

A 从下面的方框里为短文选择最合适的词语填空

也　还有　所以　而且　时　再　因为　不仅

1. 不仅　　2. 所以　　3. 还有

4. 也　　5. 再　　6. 时

B 根据短文找出四个正确的句子

☑ 1. 中国人有过生日吃面条的习俗。

☐ 2. 中国的各个地区都吃同一种面条。

☐ 3. 阳春面用的汤是海米汤。

☑ 4. 做炸酱(zhá jiàng)面时要放肉丁、葱(cōng)、姜(jiāng)和甜面酱。

☑ 5. 担担(dàn dàn)面吃起来又辣又香。

☐ 6. 吃刀削(xiāo)面时只配炸酱，不用配菜。

☑ 7. 中国的面条不仅形式多样，烹饪(pēng rèn)方法也很多。

C 根据短文回答问题

1. 中国面条的制作方法主要有哪几种？
有擀、切、削等。

2. 中国人烹饪面条的方法主要有哪几种？
有煮、炒、煎、炸等。

3. 阳春面有什么特色？
阳春面面条滑爽，海米鲜美，葱油喷香。汤是用猪骨熬出来的，特别鲜美。

4. 为什么炸酱面受北方人的喜爱？
炸酱面做起来很方便，面条里既有肉又有菜，因此深受以面食为主食的北方人的喜爱。

5. 吃哪两种面时要配上蔬菜？
炸酱面和刀削面。

D 判断正误，并说明原因

	对	错
1. 对中国人来说，面条只是一种能填饱(tiánbǎo)肚子的食物。 原因：吃面条不仅能填饱肚子，还有民俗礼仪的意义，……。		√
2. 中国的面条只有两种，细面和宽(kuān)面，但做法有多种。 原因：中国的面条，有的细如丝线，有的宽如腰带，形式数不胜数。		√
3. 上海的阳春面是汤面，汤是将猪骨熬(áo)很长时间熬出来的。 原因：阳春面的汤是用猪骨熬出来的，特别鲜美。	√	
4. 中国的北方人经常吃面食。 原因：……，深受以面食为主食的北方人的喜爱。	√	
5. 吃担担(dàndàn)面时，要先将面条炒熟，然后在上面浇上辣椒油。 原因：其做法是在煮熟的面条上浇上炒制的猪肉末。		√
6. 顾客看不到刀削(xiāo)面师傅(shī fu)把面条削进锅里去煮。 原因：……，而观看刀削面的制作则饱了眼福。		√

E 给下列词语配上最合适的解释

1. 数不胜数(shǔ bú shèng shǔ)(第5行) C
2. 地道(dì dao)(第17行) A
3. 应时(yìng shí)(第20行) D
4. 饱眼福(bǎo yǎn fú)(第21行) E

A 真正的。
B 当地。
C 数也数不过来。
D 适合季节的。
E 看着感到满足。
F 流行。

单元复习

生词

提示：
“生词”部分的词语是本单元内每一课的词语，要求学生会认读，并会默写、运用。

第7课

网络 评委 正方 在座 辩论 题目 青少年 大于
如今 占有 地位 看法 同类 正确 可靠 误导
网民 辨别 是非 上当 受骗 滥用 答案 欺负
真实 说谎 交际 依赖 成瘾 每时每刻 心思
有利 结果 整天 事物 成长 结论

第8课

科技 产品 进入 方方面面 无处不在 家家户户
使用 家电 自动 通讯 缩短 距离 时尚 笔记本电脑
数码相机 轻巧 天地 普及 远程课程 光碟 天下
大事 软件 迅速 虚拟 想象力 问世 省事 高速 列车
便利 边远 目的地 确实 产生 巨大 好事 坏事

第9课

涨价 荤 搭配 降价 奇怪 相对 照样 价格
偏食 发育 指出 直接 素质 有害 肥胖症 血脂
高血压 疾病 效果 上调 遗憾 供应 在乎 能够
代替 高价 吓 一方面……另一方面…… 报道

短语/句型

对青少年来说　占有重要的地位　弊大于利　带来负面的影响
不一定正确、可靠　误导网民　辨别是非的能力　提供真实的信息
由于……，所以……　容易上当、受骗　滥用网络　交际能力下降
跟人面对面沟通　依赖网络　上网成瘾　有利于健康　学习成绩下降
健康状况尤其是视力变坏了　生活在网络世界里　对成长没有好处

不仅……，而且……　带来方便　高科技进入生活的方方面面
节省时间　成为通讯工具　不管……，都可以……　缩短距离
不但轻巧而且功能多　受青少年的喜爱　创造新天地　接受教育
天下大事　生活在虚拟世界里　自从……问世后　不但省时而且省事
对……产生影响　对……越来越依赖

涨价20%　荤素搭配　奇怪的是……　相对便宜　吸引更多的学生去吃
照样吃快餐　普遍偏食　重视饮食健康　不良的饮食习惯影响发育
直接影响身体素质，有害健康　效果不明显　上调价格　代替快餐
采访的结果令人遗憾　贵一点儿也不在乎　再跟餐厅商量
增加午饭的花费　改掉不良的习惯

提示：
“短语/句型”部分是从每课课文中抽取的重点词句、短语，要求学生熟练掌握，并在口语/作文中准确运用。

第三单元　测验

一、阅读理解

免费报纸

第一段　随着网络的普及，平面媒体特别是报纸的发行量直线下降，可以说是全面缩水。大部分报业集团都已经转向网络，然而也有一部分报业发现了另一种媒介形式——免费报纸。

第二段　1995年，世界上第一份免费报纸在瑞典诞生，迄今为止已在20多个国家出现了免费报纸。2000年，亚洲的第一份免费报纸在新加坡问世。2002年，免费报纸首次在香港出现，之后蔓延至中国内地。如今，免费报纸在世界各地大受欢迎。仅在弹丸之地的香港，免费报纸每天的总发行量就高达300多万份。

第三段　免费报纸为何如此受欢迎？在快节奏的现代生活中，人们一方面渴求获取信息，另一方面对信息的深度却要求不高。免费报纸不需花钱，取阅方便。尽管报纸的内容有些简陋，但其综合性强，也有一些专栏可供细读，相当精彩。在20分钟之内，人们便可从免费报纸上阅读到时事、政治、财经、文化、娱乐、各国新闻等内容。一纸在手，读者便略知世界大事，一品“新闻+资讯”这份快餐，怪不得免费报纸深受上班族、上学族以及退休老人的青睐。

第四段　众所周知，免费报纸没有销售收入，其全部盈利来自广告。据统计，每份免费报纸内页的广告占总版面70%左右。为了使读者感觉不到“铺天盖地”的广告，免费报纸体现了极强的新闻性，并将广告与新闻巧妙地穿插编排。

第五段　然而，仅在香港，每天印刷免费报纸消耗的纸张数目就大得惊人。香港的环保团体已多次上街抗议免费报纸破坏环境。当下，更多年轻人通过iPhone、iPad读报。也许在不久的将来，免费报纸将走向无纸化。

A 根据短文选择正确答案

1.“全面缩水”（第 3 行）的意思是______。

a) 报纸销量急速下降

b) 报纸的发行量上升

c) 报纸种类繁多

d) 报纸销量令人乐观

2.“弹丸之地”（第 9 行）的意思是______。

a) 人山人海

b) 不毛之地

c) 弹药充足

d) 地方很小

3.“‘新闻 + 资讯’这份快餐”（第 17 行）的意思是______。

a) 本地新闻信息

b) 美味早餐

c) 边吃快餐边看新闻

d) 浓缩了的综合信息

4.“铺天盖地”（第 21 行）的意思是______。

a) 无法接受

b) 多得无处不在

c) 负面影响太大

d) 天当房，地当床

B 判断正误，并说明原因　　对　错

1. 网络的出现迫使所有的报纸行业歇业。

原因：______________________　__　__

2. 读者对免费报纸提供的信息只求广度，不求深度。

原因：______________________　__　__

3. 免费报纸每天的营业额相当可观。

原因：______________________　__　__

4. 免费报纸的特点是其信息新闻性特别强。

原因：______________________　__　__

C 从右边找到最适合的部分完成下列句子

1. 由于网络的出现，报纸行业的衰落 ☐
2. 到目前为止，世界上20多个国家 ☐
3. 免费报纸迎合了 ☐
4. 免费报纸上的内容极其丰富， ☐
5. 免费报纸每日所耗纸量令人触目惊心， ☐

A 有政治、经济、金融、时事等。
B 是不可避免的。
C 已多次遭到环保团体的抗议。
D 发行免费报纸。
E 将来可能走向无纸化。
F 当今快节奏的现代生活的需求。
G 通过iPhone、iPad发布新闻。
H 通过广告盈利以维持运作。

D 根据短文回答问题

1. 免费报纸是哪种媒介形式的替代品？
2. 免费报纸深受哪些人的喜爱？
3. 免费报纸是依靠什么途径赚钱的？
4. 读者为何感受不到无处不在的广告？
5. 为何免费报纸将来可能不再受到年轻人的青睐？

E 从右边的段落大意中找出最合适的

1. 第一段 ☐
2. 第二段 ☐
3. 第三段 ☐
4. 第四段 ☐
5. 第五段 ☐

A 免费报纸的诞生及其目前的发行情况。
B 传统报业的衰落与免费报纸的兴起。
C 免费报纸的发展前景。
D 免费报纸读者数量日益上升。
E 免费报纸受欢迎的原因。
F 广告收入与免费报纸运营之关系。
G 在没有售报收入的情况下，免费报纸如何进行商业运作。
H 免费报纸诞生之必然性。

二、写作

综合你对网络媒体的了解，写一篇博客，谈谈网络给你的学习和生活带来的种种影响。

第三单元　参考答案

一、阅读理解

A　1. a　2. d　3. d　4. b

B　1. 错　原因：大部分报业集团都已经转向网络，然而也有一部分报业发现了另一种媒介形式——免费报纸。

2. 对　原因：人们……，另一方面对信息的深度却要求不高。

3. 错　原因：众所周知，免费报纸没有销售收入，……。

4. 对　原因：为了……，免费报纸体现了极强的新闻性，……。

C　1. B　2. D　3. F　4. A　5. C

D　1. 报纸。

2. 上班族、上学族以及退休老人。

3. 广告。

4. 免费报纸体现了极强的新闻性，并将广告与新闻巧妙地穿插编排。

5. 当下，更多年轻人通过iPhone、iPad读报。也许在不久的将来，免费报纸将走向无纸化。

E　1. B　2. A　3. E　4. G　5. C

第四单元

教学目标

- 能介绍一个城市，包括地理位置、人口、气候、旅游景点、美食、特产、交通、旅游配套设施以及旅游时的注意事项等
- 能就旅游的好处与坏处进行讨论
- 能就当地政府为青少年组织的有意义、健康的娱乐和社交活动进行评论，并提出建议
- 能就快速的生活节奏给现代人的生活和学习带来的影响发表看法
- 能就“快餐文化”现象发表看法
- 能看懂比课文难度更大的阅读文章
- 会写小册子、非正式及正式书信（如投诉信）、记叙文

语言点

a) **位于**：杭州市位于中国东南沿海。

b) **之一**：杭州是中国七大古都之一。

c) **以……闻名**：杭州以美丽的西湖山水而闻名。

d) **最**：杭州的名菜很多，最著名的有东坡肉、龙井虾仁等。

e) **除了……还有……**：除了西湖风景区以外，还有灵隐寺、六和塔等。

f) **左右**：杭州年平均气温在16度左右。

g) **近**：杭州有近百家不同风格、设备齐全的宾馆。

h) **于**：我就读于本市金山国际学校。

i) **其中**：本市的网民数目近两百万，其中青少年占了相当一部分。

j) **作……调查**：青年协会作了一次问卷调查。

k) **为……提供**：市政府应为本市青少年多提供健康的、有意义的娱乐活动。

l) **由于**：由于政府和社会为青少年提供的娱乐活动种类很有限，所以青少年选择上网来消磨他们的课余时间。

m) **根本**：现代人生活节奏快了，根本就没有时间像以前一样生活了。

n) **像……一样**：现代人根本就没有时间像以前一样生活了。

o) **如果……就……**：如果你关注一下周围的人和事，就不难发现还有很多快餐文化现象。

p) **在……方面**：在物质生活方面，网上购物已经成为现代生活的一部分。

提示：

① 本课文的文体形式是“小册子”，是介绍旅游城市的小册子。

② 在组织讨论之前，老师可先跟学生一起讨论介绍旅游城市的小册子具体应包括哪些项目：城市简介、主要景点、气候特点、美食/特产、交通服务、住宿条件、租车服务、注意事项，还可加上导游服务、商店的营业时间、主要购物区/街、娱乐场所等。

③ 本课介绍的城市是杭州，老师可在课前作一些准备，找一些有关杭州的短片、图片在课堂上展示，以便学生有一些感性认识。文中所提到的景点及美食图片都可以从网上找到。

④ 讲解完课文后可让学生书面回答课本136页的练习一，也可先口头再书面回答练习二的问题。

第四单元 第10课

“人间天堂”杭州

杭州简介：

杭州市位于中国东南沿海，是浙江省的省会。杭州市有600多万人口，是浙江省的政治、经济、文化中心。杭州是中国七大古都之一，有2000多年的历史。杭州以美丽的西湖山水而闻名，人们经常用“人间天堂”来赞美这座美丽的城市。

景点：

杭州有江、河、湖、山，自然风景优美，名胜古迹特别多。除了西湖风景区以外，还有灵隐寺、六和塔等。

▲ 灵隐寺

▼ 西湖

▲ 六和塔

◀ 雷峰塔 (léi fēng tǎ)

气候：

杭州气候温和，四季分明，年平均气温在16度左右。杭州的夏天很闷热，冬天相当寒冷。每年3至4月是杭州旅游的最好季节。

美食、特产：

杭州的名菜很多，最著名的有东坡肉、龙井虾仁等。杭州还有许多传统的工艺品和特产，比如丝绸、瓷器、龙井茶等。

租船、租自行车服务：

想游览西湖的美丽风景，游客可以选择租游船，每小时80元，也可以租自行车，每小时15元。

住宿：

杭州有近百家不同风格、设备齐全的宾馆，还有各类家庭旅馆，可以满足不同游客的需要。

交通：

游客可搭乘飞机、专线火车或长途汽车到达杭州。杭州市区的公共交通十分方便，有空调公交车、电车、出租车等。

注意事项：

在旅行途中，游客要注意交通安全，保管好自己的行李及物品，还要注意饮食卫生。除此以外，游客还要注意保护景点的环境，不要乱扔垃圾。

杭州市旅游局

电话：86-571-86964321

电邮：hzinfo@yahoo.com.cn

网址：www.hangzhou.com.cn

▲ 东坡肉

▲ 龙井虾仁

生词

1. 杭州 (hángzhōu) Hangzhou (provincial capital of Zhejiang Province)
2. 位于 (wèi yú) be located
3. 沿 (yán) along　沿海 (yánhǎi) coastal
*4. 省 (shěng) province　浙江省 (zhè jiāngshěng) Zhejiang Province
　省会 (shěnghuì) provincial capital
5. 治 (zhì) rule; govern　政治 (zhèngzhì) politics
6. 古都 (gǔ dū) ancient capital
7. 湖 (hú) lake　西湖 (xī hú) West Lake
8. 山水 (shānshuǐ) scenery with hills and streams
9. 闻（聞）(wén) hear　闻名 (wénmíng) famous
10. 人间 (rén jiān) world; earth　11. 赞美 (zànměi) praise
12. 寺 (sì) temple; mosque; monastery
　灵隐寺 (líng yǐn sì) Lingyinsi Temple (in Hangzhou)
13. 塔 (tǎ) pagoda
　六和塔 (liù hé tǎ) a famous pagoda in Hangzhou
14. 闷热 (mēn rè) hot and stuffy　15. 寒冷 (hánlěng) cold
16. 特产 (tè chǎn) special local product
17. 名菜 (míng cài) famous dish
18. 东坡 (dōng pō) a famous poet in Song Dynasty
　东坡肉 (dōng pō ròu) a kind of pork dish named after a famous poet
19. 仁 (rén) kernel　虾仁 (xiā rén) shelled shrimp
20. 龙井 (lóngjǐng) Dragon Well tea (a kind of green tea)
　龙井虾仁 (lóngjǐng xiā rén) shelled shrimps cooked with Dragon Well tea leaves
21. 绸（綢）(chóu) silk　丝绸 (sī chóu) silk
22. 游船 (yóuchuán) pleasure boat
23. 宾（賓）(bīn) guest　宾馆 (bīnguǎn) guesthouse
24. 搭乘 (dā chéng) travel by
25. 线（綫）(xiàn) route; line　专线 (zhuānxiàn) special line
26. 长途 (cháng tú) long-distance
27. 公交 (gōngjiāo) public transportation
28. 途中 (tú zhōng) on the way
29. 保管 (bǎoguǎn) take care of　30. 行李 (xíng li) luggage
31. 物品 (wù pǐn) articles; goods
32. 乱（亂）(luàn) mess up; random
33. 旅游局 (lǚ yóu jú) bureau of tourism

口语热身

消化课文

1. 根据课文回答问题

1) 杭州市在哪个省？一共有多少人口？

2) 杭州市是一个什么样的城市？以什么闻名？

3) 杭州市有哪些著名的旅游景点？

4) 杭州市的气候有什么特点？有什么特产？

5) 杭州市的交通方便吗？有哪些交通工具？游客可以租借什么交通工具游览西湖？

6) 如果你想去杭州市旅游，哪个季节去比较好？为什么？

答案（仅供参考）：

1) 杭州市在浙江省，有600多万人口。

2) 杭州市是浙江省的省会，是该省的政治、经济、文化中心。杭州也是中国七大古都之一，有2000多年的历史。杭州以美丽的西湖山水而闻名。

3) 除了西湖风景区以外，还有灵隐寺、六和塔等。

4) 杭州气候温和，四季分明，年平均气温在16度左右。夏天很闷热，冬天相当寒冷。杭州的特产有丝绸、瓷器、龙井茶等。

5) 杭州市区的公共交通十分方便，有空调公交车、电车、出租车等。游客可以租借游船、自行车游览西湖。

6) 3至4月是杭州旅游的最好季节，因为那里夏天很闷热，冬天相当寒冷。

2. 根据实际情况回答问题

1) 你知道中国的哪些大城市？请列出五个城市。你去过中国的哪些城市？你最喜欢哪一个？为什么？

2) 你去过北京吗？北京跟你居住的地方有哪些相同点和不同点？举例说明。

3) 你居住的地方有哪些名胜古迹？你都参观过吗？你最喜欢哪一个？请讲一讲。

4) 你居住的地方气候怎么样？如果你的朋友打算到你所在地旅游，你会建议他/她哪个季节来？为什么？

5) 你居住的地方有哪些特产？如果你的朋友来看你，你会带他/她去哪儿吃有特色的饭菜？吃什么？

6) 你居住的地方交通方便吗？有哪些交通工具？哪种交通工具最便宜？哪种最方便？

7) 在你所在地旅游，人们可以租汽车吗？可不可以租自行车或船？人们住宾馆、酒店方便吗？价钱怎么样？

8) 你居住的地方安全吗？游客一般要注意什么？

提示：
此练习可用作单元口试部分的问答题。

语言难点

1. 用所给词语造句

例子：杭州市位于中国东南沿海。（第2行）

将于　成立

2. 完成句子

Ⓐ例子：杭州是中国七大古都之一。（第6行）

Ⓑ例子：杭州以美丽的西湖山水而闻名。（第7行）

Ⓒ例子：杭州的名菜很多，最著名的有东坡肉、龙井虾仁等。（第23行）

上海是______之一。

北京以______闻名。

最有趣的是______。

3. 用带点的词语模仿例子造句

例子：除了西湖风景区以外，还有灵隐寺、六和塔等。（第14行）

无论我碰到什么困难，一定要把汉语学好。

我们不但可以游览杭州的美景，而且还可以品尝美食，真是一举两得。

4. 选择其中一个词语造句

例子：杭州年平均气温在16度左右。（第18行）

杭州有近百家不同风格、设备齐全的宾馆。（第34行）

大约/大概/超过/不到

5. 用课文中的动词填空

1) 赞美 这座城市（第9行）　　4) 搭乘 飞机（第39行）

2) 游览 西湖（第29行）　　5) 注意 卫生（第44行）

3) 满足 需要（第36行）　　6) 保管 衣物（第46行）

提示：

① 本课的口语训练安排了两个内容，一是介绍中国的一个有名的旅游城市，另一个是小组讨论旅游的好处与坏处。

② 在做第一个练习前，可让学生分小组在网上查找小组所定的旅游城市的资料，也可两人一组，或一个人完成。要求学生按照所规定的内容查找资料，也可按课文的内容顺序来介绍。

口语训练

实际运用

1. 口头报告

请介绍中国的一个有名的旅游城市。你的介绍应包括：

- 地理位置、人口
- 气候、交通、住宿
- 旅游景点
- 美食、特产
- 旅游时应注意的事项

▲ 苏绣

▲ 大闸蟹

▲ 碧螺春

苏州园林

参考句子

a) 苏州位于江苏省内，人口大约800多万。苏州是一座历史悠久的文化名城，有4000多年历史。

b) 苏州以山水秀丽而闻名。苏州有“人间天堂”“园林之城”“东方水城”等美称。

c) 苏州四季分明，气候温和，雨水充足。苏州特产有碧螺春茶叶、阳澄湖大闸蟹等。苏州的传统工艺品有苏绣、丝绸等。

d) 苏州的园林是建筑、山水、花木、书画、雕刻等艺术的结合。最出名的园林有拙政园、狮子林等。

e) 游客可以搭乘飞机到上海，然后转乘专车直达苏州。每天有几十列火车及长途专线旅游巴士经过苏州。苏州市内的交通十分发达，公交车、出租车等非常方便。

f) 苏州有很多不同风格的宾馆，价钱合理，环境舒适。

2. 小组讨论

讨论的题目是：旅游的好处与坏处。你们的讨论内容应包括：

- 旅游的好处
- 旅游的坏处

例子：

学生1：旅游有很多好处。旅游可以开阔眼界，增长(zēng zhǎng)知识。我认为如果你想了解某(mǒu)一个国家，就应该去那个国家旅游一下，这样才能比较全面地了解那个国家的文化、习俗，同时也可以学习那个国家的语言。

学生2：我不赞成你的说法。假设你说的是对的，可是你有没有考虑过费用？我认为要了解一个国家不一定要到那个国家去旅游。如果你想学外语，在国内也可以学。

学生3：你们不要争了。旅游当然有很多好处，但是旅游也有坏处。有的人以为去国外旅游可以练习外语，但是大部分人去国外只是游山玩水。有的人还觉得通过旅游，可以学到很多东西。其(qí)实(shí)有很多东西从书本里、电脑里、电视上就能学到。

学生2：对。去国外旅游要花很多钱，还要花时间。我认为不值得。

学生1：我认为你们说得不对。从课堂上和书本里学到的东西跟亲身体会的是不一样的。我同意你们的部分观点。旅游的确(dí què)很花钱，但是值得。旅游能使一个人有国际视(shì)野(yě)，能增强(zēngqiáng)自信心，还能锻炼一个人的能力。

学生2：我周围有一些朋友每个假期都去国外旅游，但是我不认为他们比我的知识面广，比我更有国际视野，比我更自信。

……

提示：

① 在组织学生讨论前，可先帮助学生分析旅游所需的条件：时间、金钱、交通设施、要办理的各种手续（如果出国的话）、保险、住宿、饮食。了解旅游地的具体情况等。

② 如果学生汉语水平较高，可将以上内容加入讨论中；如果学生汉语水平较低，则可紧扣此题的要求，只谈旅游的好处和坏处。

提示：
此练习要求是“为来华游学团设计一个小册子”，而不仅仅是介绍、宣传某一旅游城市。建议学生可参照前边出现的有关“杭州”或“苏州”的内容，再加上有关游学的要求（参照“参考句子”，并加入详细内容），便能组织成一个小册子了。

写作训练

实际运用

1. 设计小册子

请你选择中国的一个城市，帮助旅游局为来华游学团设计一个小册子。在小册子里，你要提及：

- 游学内容简介
- 游学的目的
- 游学所在城市的景点、气候、住宿和交通情况
- 当地美食、特产
- 签证事宜
- 其他注意事项

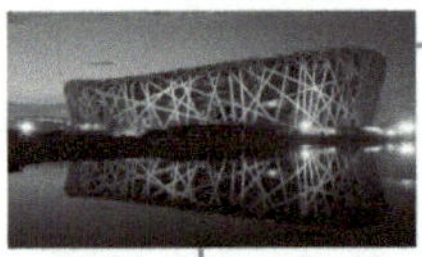
▲ 北京

▲ 深圳

▲ 上海

▲ 拉萨

参考句子

a) 我们会安排学生到当地家庭做客，亲身体验当地人的生活情况，了解该市的历史、文化及风俗习惯。学生可以利用这个机会练习汉语口语。这次游学一定会给学生留下难忘的印象。

b) 除了参观、访问、学习汉语，学生还有机会去市区逛街、购物，品尝当地的美食。我们还会安排自由活动时间。

c) 我们还可以组织各种活动，比如学习书法，看杂技表演、京剧、武术演出等。

d) 本市酒店环境清静、舒适，交通方便。

e) 团费包括食宿、门票、交通费，但是不包括保险、长途电话费。

f) 本市旅游旺季是每年的三至十一月。冬天寒冷，不是旅游的好季节。

g) 如果提前报名可以享受八折优惠。

h) 本旅行社代办签证。签证费500元人民币。

140

2. 阅读短文并写回应式作文

假设你刚从九寨沟旅游回来。写一封信给朋友，向他/她简单介绍九寨沟，并告诉他/她去那里旅游的最佳时间及在旅行中需注意的事项。

“人间仙境”九寨沟

九寨沟位于四川省阿坝州九寨沟县境内，距离成都市400多公里。九寨沟是一条长50余公里的山沟谷地，三条主沟组成英文字母的“Y”字形。九寨沟因周围有九个藏族村寨而得名，总面积约620平方公里，大约有52%的面积是原始森林。20世纪70年代，九寨沟被一群偶然闯入的伐木工人发现，1982年成为国家首批重点风景名胜区。

九寨沟海拔约3000米，属高原湿润气候，山顶终年积雪。九寨沟四季的景色都很迷人：春天的花草，夏天的流瀑，秋天的红叶，冬天的白雪，都让游人流连忘返。九寨沟的自然景观十分独特，那里有奇妙的湖泊、瀑布，是名副其实的“中华水景之王”。那里有美丽的雪山、森林，组成神奇的景观。到过九寨沟的游人，都说那里是“童话世界”“人间仙境”。

九寨沟的动植物资源丰富，而且种类繁多。举世闻名的大熊猫、金丝猴、白唇鹿等珍稀动物都在此生活。在九寨沟这个植物王国里，生长着数以千计的药用植物。因此，九寨沟又是四川中药主产地之一。其中名贵的药材冬虫夏草就生长在周围的高山上。

到了九寨沟，别忘了品尝当地的民族风味食品：虫草鸭、烤全羊、手扒牛排、杂面、青稞酒等。如果要买纪念品，当然少不了当地的藏族手工艺品，如藏饰、刺绣、佛珠等。

到九寨沟旅游，游客会有轻微的高原反应。年老体弱者，有高血压、心脏病者前往九寨沟时要格外注意。春末至秋初前往九寨沟的游客最多，十月是最佳的旅游时间。

141

提示：
建议学生按照非正式书信的格式来写。内容可包括：

①九寨沟简介：
- 九寨沟位于四川省阿坝州九寨沟县，距离成都市400多公里
- 九寨沟是一条长50余公里的山沟谷地
- 九寨沟因周围有九个藏族村寨而得名
- 其总面积约620平方公里，大约52%的面积是原始森林
- 九寨沟海拔约3000米，属高原湿润气候，山顶终年积雪
- 九寨沟的自然景观十分独特，是“中华水景之王”
- 那里有美丽的雪山、森林，游人说那里是“童话世界”“人间仙境”
- 动植物资源丰富，种类繁多
- 大熊猫、金丝猴、白唇鹿等珍稀动物在此生活
- 九寨沟是四川中药主产地之一，冬虫夏草就生长在周围的高山上
- 当地的民族风味食品包括：虫草鸭、烤全羊等
- 手工艺品有藏饰、刺绣、佛珠等

②到九寨沟旅游的最佳时间是每年的十月

③到九寨沟旅游需注意的事项：
- 游客会有轻微的高原反应
- 年老体弱者，有高血压、心脏病者前往时要格外注意

阅读与理解

阅读一　丝绸之路

第一段 丝绸之路，简称“丝路”，是西汉年间（约公元前202年~公元8年）由张骞出使西域开辟的、中国历史上一条横贯欧亚大陆的贸易交通线。丝路以长安（今西安）为起点，经甘肃、新疆，到中亚、西亚，并连接地中海各国的陆上通道，有7000多公里长。由于从这条路西运的货物中大多数是丝绸制品，因此被叫做“丝绸之路”。

第二段 丝绸之路促进了欧亚一些国家在贸易、经济和文化方面的发展。中国古代的四大发明经丝路西传，加速了西方国家的文明。中国的天文、医学、音乐、建筑等各个领域的知识也通过丝路介绍到了西方。中国商队通过丝路运出的铁器、金器、银器、镜子和其他豪华制品，丰富了西方国家人民的生活。

第三段 丝绸之路第一次为中国认识世界和其他文明打开了一个窗口。通过丝路，西方世界的物质文明和精神文明也传入了中国。大量新奇的植物品种从中亚和西亚输入到中国，比如芝麻、核桃、大蒜、大葱等。这些植物的输入对中国农业、畜牧业以及医药等各方面的发展，都起了极大的作用。许多珍奇的动物品种也输入到中国，例如骆驼、犀牛、孔雀等。从丝路传入的还有各种宗教，其中佛教对中国的影响最大。

第四段 丝绸之路不仅是古代东西方之间的贸易之路，更重要的是古代中国文明通过它影响了世界文明的发展，同时，中国也从其他国家和地区吸取了不同的文明营养。

A 根据短文选择正确答案

1. 丝绸之路简称 a 。
   a) 丝路
   b) 中亚交通线
   c) 贸易之路
2. 丝绸之路的起点 b 。
   a) 古时候叫西安
   b) 是今天的西安
   c) 是甘肃(gān sù)
3. a 通过丝绸之路传入中国。
   a) 芝麻(zhī ma)、核桃(hé tao)等植物品种
   b) 铁器、镜子等豪华制品(háo huá zhì pǐn)
   c) 西方的医学、天文知识
4. c 对中国影响很大。
   a) 西方的文明
   b) 中亚的丝绸制品
   c) 佛教(fó jiào)

B 判断正误，并说明原因

	对	错
1. 在中国古代，丝路从中国开始一直通到西亚、欧洲国家。 原因：丝路以长安（今西安）为起点，……到中亚、西亚，并连接地中海各国的陆上通道，……。	√	
2. 中国古代四大发明加速(jiā sù)了西方国家文明的发展。 原因：中国古代的四大发明经丝路西传，加速了西方国家的文明。	√	
3. 除了丝绸制品，中国没有其他东西通过丝路运往欧亚其他国家。 原因：中国古代的四大发明经丝路西传，……。中国的天文、医学、音乐、建筑等各个领域的知识也通过丝路介绍到了西方。中国商队通过丝路运出的铁器、金器、银器、镜子和其他豪华制品，丰富了西方国家人民的生活。		√
4. 西方的金器、银器等豪华制品丰富了中国人民的生活。 原因：中国商队通过丝路运出的铁器、金器、银器、镜子和其他豪华制品，丰富了西方国家人民的生活。		√
5. 孔雀(kǒngquè)是通过丝路输入中国的一种珍奇(zhēn qí)动物。 原因：许多珍奇的动物品种也输入到中国，例如骆驼、犀牛、孔雀等。	√	
6. 古代的中国文明影响了西方文明的发展。 原因：……，更重要的是古代中国文明通过它影响了世界文明的发展，……。	√	

C 从右边的段落大意中找出最合适的

1. 第一段 E
2. 第二段 A
3. 第三段 F
4. 第四段 C

A 丝绸之路促进了欧亚国家在贸易、经济等方面的发展。

B 西方的宗教(zōngjiào)是通过丝绸之路传入中国的。

C 通过丝绸之路，中国及欧亚各国互相影响、互惠(huì)互利。

D 丝绸之路沿线的各国风情。

E “丝绸之路”的由来。

F 通过丝绸之路，欧亚国家的物质和精神文明也影响了中国。

D 根据短文找出四个正确的句子

- [√] 1. 丝绸之路全长超过7000公里。
- [√] 2. 丝绸之路是一条从中国通往欧亚大陆的贸易交通线。
- [ ] 3. 丝绸之路以中国的新疆(xīn jiāng)为终点。
- [ ] 4. 在丝绸之路开通之前，中国已经有大蒜(suàn)、大葱(cōng)等。
- [√] 5. 除了佛教以外，其他宗教也通过丝路传入了中国。
- [ ] 6. 佛教是中国土生土长的宗教。
- [√] 7. 通过丝绸之路，中国从欧亚其他国家那里学到了很多东西。

E 用短文中的名词填空

1. 公共_交通_（第2行）
2. 海上_通道_（第4行）
3. 工艺_制品_（第5行）
4. 文化_领域_（第8行）
5. 动物_品种_（第13行）
6. _宗教_（第16行）政策
7. 正面_影响_（第16行）
8. 精神_文明_（第20行）

144

阅读二

“世外桃源”香格里拉

香格里拉在藏语中意为“心中的日月”。它____①____青藏高原的东南边缘，位于云南省的迪庆，海拔3280米。

香格里拉被世人誉为“世外桃源”。这里有着广阔的草原、清澈的湖泊、蔚蓝的天空、洁白的雪山、原始的森林，再加上成群的牛羊、神秘的寺院，这一切____②____了一幅美丽迷人的风景画。

香格里拉还被称为“高山大花园”“植物王国”，是一个自然景观的旅游胜地。在香格里拉，有上百种珍稀树种和数百种中药材，是一个难得的植物宝藏。

香格里拉是一个多民族、多宗教、多文化并存的地方。这里____③____着勤劳、好客的藏族、白族、回族、苗族等25个民族。香格里拉的居民信仰不同的宗教，有佛教、儒教、道教、天主教、基督教、伊斯兰教等。在生活习惯、服饰、民居建筑以及传统习俗方面，各族人民仍然保持着本民族的特色。

如画的自然景色，____④____独特的少数民族文化及风情，使香格里拉成了很多游客的必到之处。如果你____⑤____去香格里拉旅游，以下是几则小贴士：

1. 5至7月、9至10月都是雨季，不适合在香格里拉旅游。冬天气温太低，如果____⑥____下雨，路上会结冰，开车和行走都相当危险。

2. 香格里拉气候比较干燥，紫外线辐射强，要____⑦____防晒霜、太阳帽和太阳镜。如果10月以后去，要带羽绒服、帽子、手套和防滑靴。

3. 香格里拉地处高原，因此不宜做剧烈运动，以防____⑧____高山反应。

A 从下面的方框里为短文选择最合适的词语填空

发现　居住　带上　地处　打算
组织　发生　组成　遇到　加上

1. 地处　2. 组成　3. 居住　4. 加上

5. 打算　6. 遇到　7. 带上　8. 发生

B 根据短文选择正确答案

1. “意为”（第1行）的意思是 c 。
   a) 有意思
   b) 有趣
   c) 意思是

2. “世外桃源（táo yuán）”（第3行）的意思是 c 。
   a) 果园
   b) 高山上的花园
   c) 不受外界影响，想象中的美好世界

3. “必到之处”（第15行）的意思是 b 。
   a) 可能不会去的地方
   b) 不可能不去的地方
   c) 一般不会去的地方

4. “高山反应”（第21行）的意思是 c 。
   a) 在高山上做运动后的感觉
   b) 在高山上攀岩（pān yán）
   c) 人在高山上会出现头痛、心跳加快等症状（zhèngzhuàng）

C 根据短文回答问题

1. 为什么人们称香格里拉为“植物王国”？
   因为香格里拉有上百种珍稀树种和数百种中药材，是一个难得的植物宝藏。
2. 香格里拉有什么样的自然景色？
   香格里拉有广阔的草原、清澈的湖泊、蔚蓝的天空、洁白的雪山、原始的森林，再加上成群的牛羊、神秘的寺院，就像一幅美丽迷人的风景画。
3. 为什么香格里拉是一个多宗教并存的地方？
   因为香格里拉的居民信仰不同的宗教，有佛教、儒教、道教、天主教、基督教、伊斯兰教等。

D 判断正误，并说明原因

	对	错
1. 香格里拉在海拔3280米的高原上。 原因：它地处青藏高原的东南边缘，……，海拔3280米。	√	
2. 香格里拉有各种珍奇(zhēn qí)的花草，但没有中草药。 原因：在香格里拉，有……和数百种中药材，……。		√
3. 香格里拉的常住居民都是藏族人。 原因：这里居住着勤劳、好客的藏族、白族、回族、苗族等25个民族。		√
4. 香格里拉的独特之处是自然风景加上少数民族风情。 原因：如画的自然景色，加上独特的少数民族文化及风情，使香格里拉……。	√	
5. 每年都有很多游客去香格里拉旅行。 原因：……，使香格里拉成了很多游客的必到之处。	√	

E 根据短文找出四个正确的句子

- [x] 1. 五六月不适合去香格里拉旅游。
- [ ] 2. 由于香格里拉在高山上，所以游客不能开车进山。
- [x] 3. 香格里拉的冬天很冷，再遇上下雨，游客走路千万要小心。
- [ ] 4. 每年的十一月是香格里拉的雨季。
- [ ] 5. 香格里拉全年有6个月是雨季。
- [x] 6. 十月份以后，游客上香格里拉需带冬衣。
- [x] 7. 在香格里拉的高山上，游客最好不要做剧烈(jù liè)运动。

提示：

① 本课文的文体是一封正式书信，写给市长的一封信。

② 此信的主要内容是建议市长为本市的青少年多提供健康的娱乐活动。

③ 在组织讨论时，建议老师提醒学生从两大方面来讨论：

a) 目前青少年的主要娱乐活动有哪些？网络娱乐活动占多大比例？上网成瘾现象是否严重？有多严重？其后果怎样？

b) 建议市长及市政府为青少年多组织健康的娱乐活动，并说明理由。课后的口语练习会引导学生讨论具体的娱乐活动内容。

④ 在讲解课文后，要求学生书面完成课本150页的练习一，如有时间再做练习二。

第四单元
第11课

健康的娱乐生活

尊敬的市长先生：

您好！

我叫张进林，就读于本市金山国际学校。我今天写信想表达我对我市青少年娱乐活动的一些意见和建议。

目前，本市的网民数目近两百万，其中青少年占了相当一部分。最近，青年协会作了一次问卷调查，调查的对象是本市2000个12至20岁的初、高中生。结果发现，45%的青少年首选娱乐活动是网络活动。根据调查结果，一些专家指出，由于政府和社会为青少年提供的娱乐活动种类很有限，所以青少年选择上网来消磨他们的课余时间。

网络的确已经成为我们生活中的一部分。但由于网络缺乏监管，网上不少色情、暴力等不健康的内容影响了青少年的身心健康，有时还可能造成严重的后果。有些青少年过分依赖网络，上网成瘾。结果，他们的视力、学习成绩以及跟人沟通的能力都下降了。

对于青少年来说，娱乐生活和社交活动都很重要。具有知识性、挑战性的娱乐活动可以扩大青少年的知识面，提高修养，并培养社交技巧。所以，我认为市政

府应为本市青少年多提供健康的、有意义的娱乐活动。这样，青少年的业余生活才会丰富多彩。

青少年是社会的未来，政府有责任为他们提供健康、有益的成长环境，把他们培养成有用的人，使其今后为社会服务，为国家作贡献。我希望市长先生能重视这个问题。

此致

敬礼！

张进林

2010年5月4日

生词

1. 就读 jiù dú attend school
2. 表达 biǎo dá express
3. 数目 shù mù number

*4. 协（協）xié joint　协会 xié huì association

5. 问卷 wènjuàn questionnaire
6. 首选 shǒuxuǎn first choice
7. 据（據）jù according to
   根据 gēn jù according to
8. 政府 zhèng fǔ government
9. 种类 zhǒng lèi category
10. 限 xiàn limits　有限 yǒu xiàn limited
11. 消 xiāo idle away (the time)
12. 磨 mó waste (time)　消磨 xiāo mó idle away
13. 的确 dí què indeed
14. 乏 fá lack　缺乏 quē fá lack
15. 监（監）jiān supervise
    监管 jiān guǎn supervise and control
16. 色情 sè qíng pornographic
17. 暴力 bào lì violent
18. 身心 shēn xīn body and mind
19. 造成 zào chéng cause
20. 后果 hòu guǒ consequence
21. 过分 guò fèn excessive
22. 对于 duì yú with regard to
23. 社交 shè jiāo social contact
24. 具有 jù yǒu have; be provided with
25. 修养 xiū yǎng self-cultivation
26. 业余 yè yú spare time
27. 未 wèi not yet　未来 wèi lái future
28. 益 yì beneficial　有益 yǒu yì beneficial

口语热身

消化课文

1. 根据课文回答问题

1) 本文的作者是谁？他为什么给市长写信？
2) 最近青年协会作了什么调查？调查的对象是谁？
3) 青年协会调查的结果怎么样？为什么会有这样的结果？
4) 网络上的哪些内容会影响青少年的身心健康？
5) 什么样的娱乐和社交活动对青少年有好处？
6) 作者建议市政府为本市青少年提供什么样的活动？

答案（仅供参考）：
1) 他是该市金山国际学校的学生。他写信想表达他对该市青少年娱乐活动的一些意见和建议。
2) 青年协会作了有关青少年的娱乐活动的问卷调查。调查的对象是该市2000个12至20岁的初、高中生。
3) 结果发现，45%的青少年首选娱乐活动是网络活动，这是因为政府和社会为青少年提供的娱乐活动种类很有限。
4) 网上不少色情、暴力等不健康的内容会影响青少年的身心健康。
5) 具有知识性、挑战性的娱乐活动对青少年有好处。
6) 作者建议市政府为本市青少年多提供健康的、有意义的娱乐活动。

2. 根据实际情况回答问题

1) 在你居住的地方，在哪些公共场所市民可以免费上网？
2) 在你居住的地方，青少年首选的娱乐活动是什么？你认为为什么网络活动在青少年的心目中很重要？
3) 在你居住的地方，政府为青少年提供了哪些娱乐、文化活动？请列出三项。你经常参加哪些活动？你居住的地方有哪些适合青少年参加的慈善活动？
4) 在你居住的地方，政府监管网络上不健康的内容吗？是如何监管的？如果不监管，可能会造成什么后果？
5) 你认为娱乐生活和社交技巧对青少年重要吗？你觉得丰富多彩的娱乐生活应该包括什么？
6) 你居住的地方经常邀请有名的歌星、乐队来演出吗？你看过其中的一场演唱会或者音乐会吗？请谈一谈。
7) 你居住的地方经常举办哪些体育比赛？是什么时候举行的？你参加过吗？请谈一谈。你居住的地方邀请过有名的球队来比赛吗？你去看过吗？
8) 如果你的朋友要来你居住的地方旅游，你会带他/她去看什么演出或表演？去参观哪几个博物馆？

150

提示：
此练习可用作单元口试部分的问答题。

1. 完成句子

Ⓐ例子：我就读于本市金山国际学校。（第3行）

Ⓑ例子：本市的网民数目近两百万，其中青少年占了相当一部分。（第5行）

我出生于________。

________提供了各种娱乐活动，其中________________。

2. 选择其中一个短语造句

Ⓐ例子：青年协会作了一次问卷调查。（第6行）
作准备/作贡献

Ⓑ例子：结果发现，45%的青少年首选娱乐活动是网络活动。（第7行）
三分之一(1/3)/0.56/三成/打八五折

Ⓒ例子：市政府应为本市青少年多提供健康的、有意义的娱乐活动。（第25行）
为……开设课程/安排住宿/组织活动

3. 用带点的词语模仿例子造句

例子：由于政府和社会为青少年提供的娱乐活动种类很有限，所以青少年选择上网来消磨他们的课余时间。（第9行）
设计娱乐活动既要考虑到知识性又要具有挑战性。

4. 用课文中的动词填空

1) __表达__意见(第4行)　4) __提高__修养(第22行)
2) __缺乏__经验(第12行)　5) __培养__社交技巧(第23行)
3) __扩大__知识面(第20行)　6) __提供__娱乐活动(第26行)

提示：

① 此练习是继课文之后的与市长的面谈，议题是课文引出的深层次问题：要（或可以）提供/组织哪些娱乐活动，所涉及的资金、人手、场地、时间等问题，活动对青少年的影响（可参考课文的第三段内容）。

② 学生可仿照“例子”继续讨论下去，鼓励学生运用“参考句子”里的内容。

口语训练

实际运用

角色扮演

在这个口语练习中有三个角色：市长、康乐文化署专员及学生代表。你们要讨论政府能为本市青少年组织哪些有意义的娱乐、社交活动。讨论的内容应包括：

- 政府可能提供的娱乐活动
- 资金、人手等问题
- 活动对青少年的影响

例子：

学生：首先感谢市长先生在百忙之中抽出时间来参加这个会议。我写信的目的不是表达不满，而是希望市政府能为青少年组织更多的娱乐和社交活动，使青少年不要整天上网。

市长：我同意你信中的一些看法。市政府已经组织了一些大型的、有益的活动，但种类的确有限。我认为政府、社会、学校、家庭都有责任为青少年提供具有知识性、娱乐性、挑战性的活动，使青少年远离不健康的网站。

专员：如果要开展娱乐、社交等活动，资金和人手是一个问题。今年经济情况不太乐观，康乐文化署没有多余的资金可以安排。但人手方面，我可以安排。

学生：我们学生会成员可以做志愿者，帮助你们一起组织。我们有些成员很有创意，他们一定很乐意出一把力。

专员：我们署里有几个同事，以前参与组织过大型的活动，比如春节晚会、亚运会等。我可以跟他们商量一下，看看我们能够为本市青少年组织哪些活动，以丰富他们的业余生活。

市长：在资金方面，我想跟商界(shāng jiè)，比如几个大公司联络一下，看看他们能不能资助(zī zhù)。

专员：那倒是个好主意。

学生：我们可以组织歌唱大比拼(bǐ pīn)、网球大奖赛、才艺秀、有奖阅读等活动。希望通过参加这些活动，上网成瘾的青少年人数会减少。

市长：我们组织的活动一定要丰富多彩，这样才能吸引更多的青少年参加。我相信通过我们的共同努力，一定能够达到目标(dá dào mù biāo)。

参考句子

a) 我认为现在的网站内容缺乏监管，网站上有不少色情、暴力等不健康的内容，影响青少年的身心健康。政府有责任制定(zhì dìng)法律(fǎ lǜ)、法规(fǎ guī)监管网络。

b) 根据我们的经验，政府很难监管网站上的内容。我们试过了，也很想这样做，但是做不到。

c) 为了扩大学生的知识面，提高他们的修养，我们可以组织一些活动比如专题讨论会、时事辩论会等。

d) 上网的确成了相当一部分学生消磨时间的主要方式。

e) 为了丰富青少年的业余生活，我们可以举办球类比赛、设计比赛、慈善活动、环保活动等。

f) 青少年是社会的未来，我们应该培养他们从小就关心社会、为社会作贡献。我们可以安排他们去老人院或残疾人学校做义工。

写作训练

实际运用

1. 写正式的书信

请你代表学校学生会给本市市长写一封信，表示你支持在本市举办全国运动会。在信里，你要提及：

- 举行大型活动对本市及市民的好处
- 具体的建议
- 能够提供的帮助

参考句子

a) 我今天写信表示支持在本市举办全国运动会，因为我相信在本市举办运动会有很多好处。

b) 运动会不仅能吸引更多的人来本市旅游、消费（xiāo fèi），提高本市的知名度（zhī míng dù），而且还能创造就业（jiù yè）机会。

c) 在准备的过程中，本市需要建旅馆、餐馆及各类设施，还要培训（péi xùn）具备各种技能的人才。

d) 运动会之后，所有的设施都可以给本市市民（shì mín）使用。这样，市民会更加热爱并愿意参与体育活动，以提高身体素质。

e) 我建议政府借这个机会增强市民的环保意识，把本市的绿化做得更好。

f) 我们学校的高年级学生有举办、组织大型活动的经验。我们可以组织学生做志愿者（zhì yuàn zhě）。我们能做的工作有导游、服务员、运动场地工作人员、宣传工作等。

154

提示：

① 此写作练习的文体要求是正式书信，写给市长。写信的目的是表示你支持在本市举办全国运动会。

② 在写作之前，建议老师组织学生讨论，按题目的三项具体要求展开：

a) 第一条最重要，除参考"参考句子"中的b)—d)以外，还可以涉及开完运动会后可能会有更多青少年热衷于体育活动，参加体育培训，这样可以为日后的比赛培养人才。

b) 具体的建议参照e)句。还可以提到为迎接运动会，装饰景点，装修老旧房屋，美化市容。

c) 能够提供的帮助参考f)句内容，还可建议组织学校师生去观看比赛，营造气氛。

2. 阅读短文并写作文

读了下面的短文后，你对上海青年人的娱乐生活有了更多的了解。请写一篇博客(bó kè)，介绍你所居住地区的青年人的娱乐生活。

新娱乐形式

最近，上海青年会对1000个12至24岁的青年人作了一次调查，结果发现现在的青年人喜爱的新娱乐形式是网络娱乐、手机娱乐及其他多元化的娱乐活动。这三种娱乐形式已经占到青年人娱乐内容的一半以上。

根据调查，52.8%的青年人主要通过新娱乐形式来减压。在这1000名受访者中，26.3%的青年人认为自己承受(chéngshòu)的压力很大。一个高三学生说，他从今年3月就开始为高考复习了。他每天晚上自习回来后觉得压力特别大，就会上网玩儿一会儿网络游戏。他觉得这样可以调节(tiáo jié)紧张的心理(xīn lǐ)，减轻学习压力。

在调查中，有近六成的青年人认为新娱乐形式积极、正面的影响大于消极、负面的影响，特别是那些多元化的娱乐活动，比如健身运动、交际活动等满足了青年人的娱乐需求，对放松、减压有很好的效果。

在采访中，有些高中生认为，新娱乐形式特别是网络娱乐和动漫(dòngmàn)会对青年人产生负面的影响。经常通过网络娱乐的青年人容易上瘾，这样会影响正常的学习和生活。而且，有些网络游戏和动漫的内容中有不良成分，比如暴力、色情等。

这次调查的负责人指出，社会各界应该加强协作(xié zuò)，大力推广健康、向上的新娱乐形式，使娱乐更好地为青年人服务。家长首先要转变(zhuǎnbiàn)对娱乐形式的负面看法。学校也应该教育青年人提高自我管理的能力。商界在为青年人提供娱乐产品的时候，不要只为了经济利益(lì yì)，应该根据青年人的特点开发产品，组织并鼓励他们积极参与有益的娱乐活动。

提示：
建议学生按照博客的格式来写。以下内容仅供参考。

- 青年人喜爱新娱乐形式——网络娱乐、手机娱乐及其他多元化的娱乐活动
- 青年人认为网络游戏可以调节紧张的心理，减轻学习压力
- 多元化的娱乐活动包括健身运动、交际活动等
- 经常通过网络娱乐的青年人容易上瘾，这样会影响正常的学习和生活
- 有些网络游戏和动漫的内容中有不良成分，比如暴力、色情等
- 学生可联系自己所住地区青年人的特殊情况而适当增减内容

阅读与理解

阅读一

香港青少年为什么吸毒

最近几年，香港的中学生吸毒人数有上升的趋势。众所周知，吸毒对青少年的身体健康及生活、学习都有很大的影响。那么青少年为什么会吸毒呢？根据调查分析，青少年吸毒的原因主要有以下几个：

首先，由于无知、好奇而去吸毒的青少年约占70%。在青少年时期，大部分学生人生观还不成熟，思想比较幼稚，辨别是非的能力不强。他们对任何事情都充满了好奇心，还有强烈的探索欲望。有些人开始只想尝试一下，结果就上瘾了。

第二，青少年时期是一段“危险期”。由于他们在生理和心理上都不成熟，如果碰到不愉快的事，或者感情出了问题，或者遇到了挫折，他们往往会寻找刺激来填补精神上的空虚，以寻求安慰。大约有40%的青少年是在以上这些情况下开始吸毒的。

第三，有问题的、不温暖或不稳定的家庭往往容易使青少年走上吸毒的道路。在一所戒毒中心，超过1/3的学生来自破碎的家庭。

第四，由于现在的经济条件好了，家长往往宠爱孩子，无条件地满足孩子的物质要求。但当家长稍有不能满足孩子的地方，孩子便容易走上吸毒的道路。因家庭溺爱而吸毒的青少年大约占了10% 。

第五，也有相当一部分青少年受到同伴的影响，在他们的鼓动下走上了吸毒的道路。

因此，要解决青少年吸毒的问题，社会、家庭、学校一定要共同合作，帮助青少年在困难时期渡过难关。青少年也应自重、自爱、关注自己的健康，对自己的未来负责。

A 判断正误，并说明原因

对 错

1. 这几年，香港的中学生中吸毒的人数越来越多。

原因：最近几年，香港的中学生吸毒人数有上升的趋势。 √ ___

2. 有大约七成的青少年是因为无知、好奇(hào qí)而开始吸毒的。

原因：由于无知、好奇而去吸毒的青少年约占70%。 √ ___

3. 在戒毒(jiè dú)中心里，有不到30%的学生来自破碎(pò suì)的家庭。

原因：在一所戒毒中心，超过1/3的学生来自破碎的家庭。 ___ √

4. 如果家长过分宠爱孩子，孩子也可能会走上吸毒的道路。

原因：因家庭溺爱而吸毒的青少年大约占了10%。 √ ___

5. 只要家庭对孩子多管教，青少年的吸毒问题就能解决。

原因：要解决青少年吸毒的问题，社会、家庭、学校一定要共同合作，……。 ___ √

B 根据短文选择正确答案

1. 吸毒对青少年的__b__有很大影响。
   a) 饮食、健康及生活
   b) 健康、生活及学习
   c) 生活、学习及娱乐

2. 青少年时期人生观还不__a__，思想比较__a__。
   a) 成熟；幼稚(yòu zhì)
   b) 幼稚；浮躁(fú zào)
   c) 强；弱

3. 大约有__b__的青少年由于精神空虚(kōng xū)而吸毒。
   a) 七成
   b) 四成
   c) 一成

4. 解决青少年吸毒问题，需要__b__共同合作。
   a) 社会、国家和政府
   b) 社会、学校和家庭
   c) 家庭、邻居和社区

157

C 从短文中选出最合适的动词填空

1. 本市的外籍(wài jí)人口 占 (第5行)全市人口的10%。
2. 你应该 尝试 (第8行) 多做一些运动。
3. 我在学习汉语的过程中 碰到/遇到 (第10行) 了很多困难。
4. 这位新同学 来自 (第14行) 上海一所本地中学。
5. 父母们总是想办法 满足 (第16行) 子女的需求。
6. 要 解决 (第20行) 青少年逃学(táo xué)的问题需要跟家长合作。
7. 今年我 负责 (第22行) 组织游学中国的活动。

D 根据短文选择正确答案

1. "众所周知(zhòng suǒ zhōu zhī)" (第1行) 的意思是 a 。
   a) 大家都知道
   b) 观众都知道
   c) 公众场所
2. "无知" (第5行) 的意思是 c 。
   a) 无所事事
   b) 没人知道
   c) 没有知识
3. "不温暖(wēnnuǎn)" (第13行) 的意思是 a 。
   a) 缺少爱
   b) 没有暖气(nuǎn qì)
   c) 没有空调
4. "破碎(pò suì)" (第14行) 的意思是 a 。
   a) 父母离异(lí yì)
   b) 没有兄弟姐妹
   c) 没有母亲
5. "无条件地满足" (第15行) 的意思是 a 。
   a) 要什么给什么
   b) 要的东西得不到
   c) 要学什么就学什么
6. "相当一部分" (第18行) 意思是 b 。
   a) 一点儿
   b) 挺多
   c) 没几个

阅读二

凤凰卫视中文台

第一段 凤凰卫视有限公司1996年成立＿①＿香港。凤凰卫视旗下主要有五个频道及两大媒体。五个频道分别为：中文台、资讯台、欧洲台、美洲台、电影台；两大媒体＿②＿为：《凤凰周刊》、凤凰新媒体。凤凰卫视的目标是全力为全世界华人提供高质量的华语电视节目。其节目具有时代感和感染力，深受广大观众的喜爱和全球华人的支持。自成立以来，凤凰卫视＿③＿成为电视传媒潮流的领导者。

第二段 凤凰卫视中文台于1996年开播。它是全球性华语卫星电视台，也是香港唯一一家24小时用普通话向中国大陆、香港、澳门和台湾省以及亚太、欧美、拉美等地播出的电视台。凤凰卫视中文台立足香港，以沟通大陆、港澳和台湾，服务全世界华人为目标，将中国悠久的历史、博大精深的文化传播给所有华人，＿④＿帮助华人认识错综复杂、多姿多彩的当今世界。

第三段 凤凰卫视中文台节目包罗万象，分评论类、历史人文类、资讯类、访谈类、娱乐时尚类。凤凰卫视中文台的节目与众不同，以新鲜的题材、多样的形式、清新的风格、新奇的内容展示在观众面前，十分符合观众的生活方式和口味。凤凰卫视中文台自开播＿⑤＿，推出了一系列有影响力的大型特别节目，＿⑥＿《飞越黄河》、《97香港回归世纪报道》等。

第四段 凤凰卫视中文台的节目主持人来自大陆、香港、台湾以及海外。他们有自己的独特风格，而且工作认真投入，深受观众喜爱。

A 从下面的方框里为短文选择最合适的词语填空

以来　及　于　并　比如　分别　和　已经

1. 于　　2. 分别　　3. 已经

4. 并　　5. 以来　　6. 比如

B 根据短文选择正确答案

1. 凤凰卫视旗下有 a 。
   a) 电视台和媒体
   b) 报纸和广播站
   c) 电视台和报刊

2. 凤凰卫视中文台的观众 a 。
   a) 全世界都有
   b) 只在大陆
   c) 在港、澳、台

3. 凤凰卫视中文台的节目 b 播出。
   a) 白天
   b) 昼夜
   c) 夜晚

4. 凤凰卫视中文台的节目 b 。
   a) 种类不多　b) 多种多样
   c) 内容单一

5. 相比其他电视台，凤凰卫视中文台的节目 a 。
   a) 独特、有新意
   b) 没什么特别
   c) 不怎么太好

6. 凤凰卫视中文台的主持人来自 c 。
   a) 港、澳、台
   b) 大陆
   c) 中国及国外

C 从短文中找反义词

1. 反对→(支持)(第5行)
2. 短暂→(悠久)(第11行)
3. 简单→(复杂)(第12行)
4. 普通→(特别)(第17行)

D 从右边的段落大意中找出最合适的

1. 第一段　G
2. 第二段　B
3. 第三段　F
4. 第四段　D

A 凤凰卫视的过去与将来。
B 凤凰卫视中文台的性质(xìng zhì)及作用。
C 凤凰卫视的节目主持(zhǔ chí)人。
D 凤凰卫视中文台节目主持人的特色。
E 凤凰卫视中文台的现在与将来。
F 凤凰卫视中文台的节目种类、风格。
G 凤凰卫视的成立、目标及现状。

E 判断正误，并说明原因

	对	错
1. 凤凰卫视电视节目用的语言是普通话。 原因：凤凰卫视的目标是全力为世界华人提供高质量的华语电视节目。	√	
2. 凤凰卫视中文台是香港第二家普通话电视台。 原因：凤凰卫视中文台……，也是香港唯一一家24小时用普通话向……的电视台。		√
3. 凤凰卫视中文台的服务对象是全世界的华人。 原因：凤凰卫视中文台立足香港，以沟通……服务全世界华人为目标，……。	√	
4. 凤凰卫视中文台的节目多种多样，适合观众的口味。 原因：凤凰卫视中文台的节目与众不同，以新鲜的题材、多样的形式、……，十分符合观众的生活方式和口味。	√	
5. 观众们都非常喜欢凤凰卫视中文台的节目。 原因：凤凰卫视中文台的节目……十分符合观众的生活方式和口味。	√	
6. 凤凰卫视中文台的主持人都是大陆(dà lù)人。 原因：凤凰卫视中文台的节目主持人来自大陆、香港、台湾以及海外。		√

提示：

① 本课的内容涉及一个比较新的名词——快餐文化。在组织学生讨论时，可引导他们联想生活、学习的方方面面，发现更多的"快餐文化"现象。

② 课文中提到了饮食方面、购物方式、物品质量、阅读习惯、交通、通讯，还可以涉及：人们拍照用的数码相机，拍了照马上就能看到照片，再不用等冲印；各种衣服都可以买到，很少再有人去做衣服；以前人们用手帕，现在改用纸巾了，又快又免去洗的麻烦；以前去饭店吃饭用正式的餐具，现在很多小饭店用塑料餐具，用完扔掉，不用洗涤，简单方便；智能手机用起来快捷方便，人们用它拍照、录像、发短信、上网查资料等，刚拍的照片几秒钟后远在天涯海角的亲戚朋友都能收到（只要对方也能连接互联网）。

第四单元
第12课

快餐文化

现代人生活节奏快了，根本就没有时间、精力和耐心像以前一样生活了。快餐文化也因此诞生了。

快餐文化的特点是"快"。

现代人花在吃饭上的时间少了。他们工作、学习繁忙，没有时间做饭，也没有时间慢慢地品尝、享受美味食品。因此，简便的快餐食品很受欢迎。

在物质生活方面，网上购物已经成为现代生活的一部分。现在越来越多的人选择这种购物方式。有些物品质量并不好，但因为现在的东西更新换代太快了，所以有人认为物品不需要坚固、耐用。

在精神生活方面，现代人的休闲方式也体现出一个"快"字。很多人喜欢看卡通读物来消磨时间。这些快餐读本内容简单、图片丰富、文字很少。还有很多人喜欢看免费薄小的报纸。虽然这种报纸版面小，但为读者提供国内外新闻，拿在手上读起来很方便。通俗小说也很受广大群众的喜爱，因为现代人不想动脑筋来欣赏长篇文学作品。

现在的交通和通讯也比以前快多了。人们乘坐飞机在数小时内就能从一个地方抵达另一个地方。现在很少

有人写书信了，因为人们只要拨打一个电话、发一条短信就可以跟远方的亲戚、朋友联络。

总之，快餐文化已经改变了我们的生活方式。如果你关注一下周围的人和事，就不难发现还有很多快餐文化现象。

生词

1. 奏 zòu play (music)　节奏 jié zòu rhythm; pace
2. 诞生 dànshēng be born
3. 特点 tè diǎn characteristic
4. 美味 měi wèi delicious
5. 简便 jiǎn biàn handy
6. 物质 wù zhì substance
7. 更新换代 gēng xīn huàn dài upgrade
8. 固 gù solid; firm　坚固 jiān gù sturdy
9. 耐用 nài yòng durable
10. 休闲 xiū xián leisure
11. 体现 tǐ xiàn embody; reflect
12. 卡通 kǎ tōng animated cartoon
13. 读物 dú wù reading material
14. 读本 dú běn reader
15. 图片 tú piàn picture
16. 文字 wén zì script; writing
17. 版 bǎn page (of a newspaper)
    版面 bǎnmiàn layout
18. 读者 dú zhě reader
19. 国内 guó nèi domestic　国外 guó wài overseas
20. 新闻 xīn wén news
21. 通俗 tōng sú popular
22. 广大 guǎng dà vast; numerous
23. 群 qún crowd; group　群众 qúnzhòng the masses
24. 喜爱 xǐ ài like; love
25. 筋 jīn veins　脑筋 nǎo jīn brains; mind
    动脑筋 dòngnǎo jīn use one's head
26. 欣 xīn happy; joyful
    欣赏 xīn shǎng appreciate; admire
27. 长篇 chángpiān lengthy; long
28. 作品 zuò pǐn works (of literature or art)
29. 抵 dǐ reach　抵达 dǐ dá arrive
30. 书信 shū xìn letter
31. 拨（撥）bō move with hand
    拨打 bō dǎ dial
32. 短信 duǎn xìn text message
33. 远方 yuǎnfāng distant place
34. 改变 gǎi biàn change
35. 关注 guān zhù pay close attention (to)

口语热身

消化课文

1. 根据课文回答问题

1) 快餐文化是怎样诞生的？
2) 简便的快餐食品为什么受欢迎？
3) 哪些快餐读物很受欢迎？为什么？请举两个例子。
4) 除了去商店购物以外，如今人们喜欢怎样购物？
5) 现代的交通给人们带来哪些方便？
6) 现在有些物品的质量跟以前的有什么不同？为什么？

答案（仅供参考）：
1) 现代人生活节奏快了，根本就没有时间、精力和耐心像以前一样生活了。快餐文化也因此诞生了。
2) 因为现代人花在吃饭上的时间少了，他们工作、学习繁忙，没有时间做饭，也没有时间慢慢地品尝、享受美食，因此，简便的快餐食品很受欢迎。
3) 卡通读物、免费薄小的报纸、通俗小说都很受欢迎。因为卡通读物内容简单、图片丰富、文字很少；免费薄小的报纸版面小，但提供国内外新闻，拿在手上读起来很方便；读通俗小说不需要动脑筋。
4) 网上购物。
5) 人们乘坐飞机在数小时内就能从一个地方抵达另一个地方。
6) 物品的质量不好，因为现在的东西更新换代太快了，有人认为物品不需要坚固、耐用。

2. 根据实际情况回答问题

1) 作者对于快餐文化的看法，你同意吗？为什么？
2) 在你周围，你还能列出一两样快餐文化的现象吗？你觉得这些快餐文化的现象给你带来哪些好处？
3) 你周围喜欢读书的人多吗？他们一般看什么书？看卡通读物的人多还是看小说的人多？你平时有没有阅读的习惯？你一般喜欢看什么样的书？
4) 你居住的地方有免费报纸吗？有哪几种？你看免费报纸吗？如果你看，你最关心哪方面的内容？
5) 你喜欢在网上购物吗？你在网上买过什么东西？你认为网上购物有哪些好处和坏处？
6) 如果你去长途旅游，一般搭乘什么交通工具？你喜欢坐火车旅游吗？坐火车旅游有什么好处和坏处？
7) 在你的成长过程中，你写过信吗？你给谁写过信？你现在还写信吗？你平时怎么与亲戚、朋友联系？
8) 你觉得现在的哪些物品质量比较好？哪些物品不坚固、不耐用？你经常需要购买哪些物品？你一般去哪儿买东西？为什么去那里买？

提示：
此练习可用作单元口试部分的问答题。

1. 用带点的词语模仿例子造句

Ⓐ 例子：现代人生活节奏快了，根本就没有时间像以前一样生活了。（第1行）

我一天忙到晚，简直没有时间看电视。

我现在什么事都在网上做，甚至在网上看电影、看杂志、购物等。

Ⓑ 例子：现代人根本就没有时间像以前一样生活了。（第1行）

现在的交通很方便，跟以前不同了。

我们学校的课程跟10年前的差不多。

Ⓒ 例子：如果你关注一下周围的人和事，就不难发现还有很多快餐文化现象。（第28行）

我们就要（快要）期末考试了。

我连看电视的时间都没有。

只要肯花工夫，你就可以把汉语学好。

2. 完成句子

例子：在物质生活方面，网上购物已经成为现代生活的一部分。（第7行）

在学业方面，________________________。

3. 从课文中找反义词或近义词

A 反义词

1) 空闲→（ 繁忙 ）（第4行）　3) 国外→（ 国内 ）（第15行）

2) 复杂→（ 简单 ）（第13行）　4) 高雅（gāo yǎ）→（ 通俗 ）（第15行）

B 近义词

1) 大众→（ 群众 ）（第16行）　3) 到达→（ 抵达 ）（第24行）

2) 搭乘→（ 乘坐 ）（第22行）　4) 联系→（ 联络 ）（第27行）

提示：
① 此练习内容紧跟课文，要求学生熟练掌握、运用课文中所学到的东西。
② 建议让学生分成正方和反方两组，正方支持快餐文化，并说明快餐文化给自己的生活、学习、工作带来的正面影响，而反方反对，说明负面影响。双方按"例子"的内容继续辩论，可参考"参考句子"中的内容。

口语训练

实际运用

小组讨论

快餐文化是21世纪的一个普遍现象。你们讨论的题目是：快餐文化对现代人的生活、学习和工作的影响。讨论的内容应包括：

- 还有哪些快餐文化现象？
- 快餐文化给现代人的生活、学习和工作带来了哪些正面和负面的影响？
- 快餐文化现象是好事还是坏事？

例子：

学生1：快餐文化的特点是"快"。如果我们注意一下，我们周围有很多快餐文化现象。因为现代人工作、学习很忙，他们根本就没有时间做饭，所以简便的半成食品很受消费者(xiāo fèi zhě)的欢迎。

学生2：我们家经常买半成品的比萨饼，到家里只要在烤箱里烤几分钟就可以吃了。

学生3：在读书方面，我现在没有时间，也不想动脑筋来欣赏长篇文学作品，只看通俗小说或者卡通读物。今年流行这个作者的作品，明年有可能会出现另一个作者的书。总的来说，现在的事情变化很快。我认为这是好事，因为任何(rèn hé)人都有机会去创造。

166

学生1：我不同意你刚才说的。我觉得这样很浪费人才。比如说，流行歌曲的寿命(shòumìng)很短，因为过一段时间又有人作出新的歌曲。

学生2：我认为快餐文化给我们的生活带来了不少负面影响。比如说，现在有些物品质量不太好，不坚固，也不耐用。现在的产品更新换代快，这样商家就有生意做了。我半年前买了一双球鞋，现在已经破了，得买新的了。

学生3：还有，我发现现在大版面的报纸比以前少多了，而是流行版面小、免费的报纸。这种报纸图片多，文字又少又简单。很多人在上班途中就能浏览国内外新闻。因此，这种报纸很受广大读者欢迎。

学生1：时代变了，我们的想法也要变，做事的方法也要变。快餐文化不管是好事还是坏事，人们只能接受它，因为这种现象在我们生活中无处不在。

参考句子

a) 由于现代通讯非常发达，现在写信的人不多了。一个电邮几秒(miǎo)钟就可以发到对方的邮箱里。由于电邮太方便，我们每天要看几十个电邮，但大部分广告电邮可能跟你没有关系，这浪费了我们的时间和精力。

b) 现在在大街上你到处都可以看到用手机打电话的人。现代人没有耐心，他们想到一件事情，就拿出手机打个电话，发个短信。

c) 现在交通十分发达，坐飞机几个小时就能抵达目的地，所以现在坐飞机的人比以前多很多。

d) 现在一次性使用的东西非常多，纸餐碟(cān dié)、塑料勺(sháo)、木筷、纸杯、塑料手套等等，用起来方便、卫生，也不贵。

e) 现在很多人休闲时喜欢翻翻漫画(mànhuà)书，因为书里文字少、图片多，看起来省时，又能放松一下。

提示：

① 此写作练习的文体要求是一封投诉信。

② 投诉信属正式书信，因此要提醒学生注意信的开头、结尾。

a) 投诉信开头应写明自己的简单情况；

b) 然后写明写信的理由，并详述所投诉事件的原委，这是投诉信的核心部分；

c) 接下来，根据事实和证据，提出请求，或是建议解决的办法；

d) 信的结尾说明如何与你联系，答复你所投诉的有关内容。

③ 鼓励学生运用“参考句子”。

写作训练

实际运用

1. 写投诉(tóu sù)信

假如你最近买了一样东西，但是质量不好，根本就没法用。你去商店让营业员退货(tuì huò)，但是营业员不但不退，而且服务态度很差。你写一封信向商店经理投诉这件事。在信里，你要提及：

- 在何时、何地买的物品
- 该物品的质量问题
- 退货的全过程，包括营业员的态度
- 建议解决的办法
- 自己的联络方式

参考句子

a) 我今天写信的目的是想向您反映(fǎn yìng)一下有关我从贵店买iPod的事。

b) 我上个月8号在贵店买了一个iPod。可是回到家一试，没有一点儿声音(shēngyīn)。

c) 第二天，我拿着iPod到店里去换。没想到，营业员不但不给我换，而且说是我把iPod弄(nòng)坏了。对此我非常生气。

d) 我找另一位营业员换，他却说他不管，因为我不是从他手上买的iPod。我找到了第三位营业员，他说店里卖出的货品不退不换。可是，我的发票(fā piào)上写着：七天之内，可以退换货品。

e) 现在商店之间竞争激烈，大家都十分重视服务质量。如果服务不好，就没有顾客来店里买东西。

f) 对此事我向您投诉，希望您能尽快给我答复，帮我解决这个问题。

168

2. 阅读短文并写回应式作文

读过下面的短文后，对于该不该制止网络语言，你有自己的看法。写一篇博客，谈谈你个人用网络语言的经历及你对网络语言的看法。

网络语言该不该制止

网络语言简称“网语”，是21世纪互联网的一个产物。为了便于输入，网民们结合了中文、英文和汉语拼音的特点，发明了一些固定的缩略语，同时也运用一些符号、数字，甚至错别字和生动的图片。

有些比较流行的网语是根据谐音来的，比如：“喜欢”谐音成“稀饭”；“气死我了”写成“7456”。有的网语根据拼音或英文的缩写，比如“LG”是“老公”的缩写，“CU”是“See you”的意思；有的是来自联想，例如“灌水”(add water) 意思是“向论坛中发帖子”；还有的是新造的合音混合词：“不要”成了“表”，“这样子”成了“酱紫”等。除了用文字、数字和字母以外，网语还用符号甚至图片来表达一些特定的意思：如“^^”表示笑，“(^@^)”表示幸运小猪。

对于网语的广泛使用，社会上不同人士持有不同的态度。有些人认为要规范网语；有些人对网语表示担忧，认为政府应出面制止人们使用；还有些人认为网语是一种字符的狂欢，使用起来方便、快捷。一些文字专家担心，青少年不但在网上使用这些不伦不类的语言，写作文、做功课时，甚至是在考试时，也会不自觉地用到网语，这样会形成习惯，最终影响他们的语文水平。

在互联网时代，虽然网络语言不规范，但是网语却自然地成为一种沟通方式，尤其被年轻人所接受。其实，对于网语现象，不必过分担心。因为在社会不断发展的过程中，符合时代和发展的词语才会被人接受。当然，年轻人也应切记：网语只适合在网上使用，千万不要在其他场合特别是语文学习中使用。

169

提示：

建议学生按照博客的格式来写。内容可包括：

① 从以下几个方面介绍你使用网语的经历：

- 网语是便于输入的一些固定的缩略语以及符号、数字，甚至错别字和生动的图片
- 学生可简单谈谈自己使用网语的经历：
  - –从什么时候开始的
  - –是怎样开始的
  - –哪些时候用网语
  - –用到何种程度
  - –对自己其他科目或语言学习有无影响等

② 对使用网语的看法：

- 认为要规范网语
- 对网语表示担忧
- 认为政府应出面制止人们使用
- 认为网语是字符的狂欢，使用起来方便、快捷
- 担心青少年不但在网上使用网语，在写作文、做功课甚至考试时也会用网语
- 担心最终影响学生的语文水平
- 网语被年轻人接受
- 年轻人应切记：网语只适合在网上使用，千万不要在其他场合特别是语文学习中使用

阅读与理解

阅读一　调节(tiáo jié)生活节奏

现代人的生活节奏非常快，几乎使人疯狂(fēngkuáng)。人们的工作与生活好像上了快车道，许多人感到力不从心。看看周围的人，大家都在为自己的生活、学习、工作忙个不停。虽然大家忙碌(máng lù)的事情可能不一样，但一样的是：脚步(jiǎo bù)越来越快，性子越来越急，吃饭时嘴巴张得越来越大，汽车也越开越快。看上去好像大家都适应了快节奏的生活，可是如果让你停下来问问自己："我真的适应这样的生活吗？"大多数人的答案可能是否定(fǒu dìng)的。

因此，我们需要时常停下手中的事情，调节一下自己的生活节奏，要不然就会在繁忙的生活中迷失(mí shī)自己，迷失方向。大家可以试一试以下几种方法：

第一，要管理好自己的时间，分清楚(qīngchu)什么是主要的，什么是次要(cì yào)的。

第二，要注意锻炼身体。有了健康的身体才能应对压力。我们不能每天都面对着学习、工作、烦恼，而运动是减压的好方法之一。

第三，尝试(cháng shì)将压力或者心里的事情说出来，比方说写日记、写博(bó)客(kè)。把压力释放(shì fàng)出来比闷在心里好。

第四，经常跟朋友交流，尤其是跟乐观的朋友交流。

第五，要保持(bǎo chí)一颗感恩(kě gǎn ēn)、年轻、向上的心，这样一个人才能快乐。

第六，给自己放假。一个人不能总是过度劳累(guò dù láo lèi)，否则身体会吃不消的。尝试周末睡个懒觉(lǎn jiào)，或者抽时间跟家人、朋友外出旅游，换换环境，换换心情。

今天就开始尝试以上这些方法吧。如果你时常调节自己的生活节奏，你会发现原来生活可以过得更美好。

A 根据短文找出四个正确的句子

☐ 1. 现代人的生活节奏太快，结果有一部分人得了精神病。

☑ 2. 大部分人每天忙个不停，很少停下来想一想忙什么。

☐ 3. 如果一个人车开得太快，他很有可能会迷失方向。

☑ 4. 给自己放假是调节生活节奏的好办法。

☑ 5. 写日记、博客（bó kè）也是一种减压的方法。

☐ 6. 每天睡懒觉可以使生活节奏慢下来。

☑ 7. 如果一个人知道感恩（gǎn ēn），他就会快乐。

B 从短文中选出最合适的动词填空

1. 实际上有很多人都不一定__适应__（第5行）忙碌（máng lù）不停的现代生活。
2. 有时候，每个人都有必要__调节__（第8行）一下自己的生活节奏。
3. 如果一个人能把时间__管理__（第11行）好，他就已经成功了一半。
4. 压力大的人至少每周要__运动__（第13行）三次，每次半个小时以上。
5. __面对__（第13行）各种压力，现代人要学会减压。
6. 如果你经常跟乐观的朋友__交流__（第16行），你也会变成一个快乐的人。
7. 你应该__尝试__（第21行）停下脚步，放下手头的工作，走出自己的小天地。
8. 如果你有一颗（kē）年轻、向上的心，会__发现__（第22行）生活可以更美好。

C 从短文中找反义词

1. 肯定→(否定)(第7行)	4. 愉快→(烦恼)(第13行)
2. 清闲→(繁忙)(第9行)	5. 悲观→(乐观)(第16行)
3. 主要→(次要)(第11行)	6. 伤心→(快乐)(第17行)

D 给下列词语配上最合适的解释

1. 力不从心(第2行) E
2. 忙个不停(第3行) D
3. 要不然(第9行) A
4. 乐观(第16行) H
5. 感恩(gǎn ēn)(第17行) F
6. 睡个懒觉(lǎn jiào)(第19行) B

A 不然的话。
B 早上起得晚。
C 大方、可靠。
D 每天都很忙，一年忙到头。
E 心里想做，但是能力不够。
F 对别人提供的帮助表示感谢。
G 想尽办法想把事情做好。
H 精神愉快，对事情的发展充满(chōngmǎn)信心。

E 根据短文回答问题

1. 怎样才能把自己的时间管理好？
   要分清什么是主要的，什么是次要的。
2. 有哪些减压的方法？（列出两项）
   运动；将压力或心里的事说出来。(经常跟朋友交流；保持感恩、年轻、向上的心；给自己放假。)
3. 如果一个人整天忙个不停，结果会怎么样？
   会迷失自己，迷失方向。

F 根据实际情况回答问题

1. 你觉得你的生活、学习、工作节奏快吗？请举一两个例子。
2. 如果你有压力，用什么方法来减压？你的方法有效吗？
   如果效果不大，你打算如何改进？
3. 你认为现代人是否需要换一种方式来生活？为什么？

香港的茶餐厅

第一段

茶餐厅集快餐与饭馆于一身，是香港最平民化、饮食最地道(dì dao)的场所。在香港，茶餐厅遍布(biàn bù)各区，营业时间不定，通常为早上6时至凌晨(líng chén)1时，铜锣湾(tóng luó wān)、湾仔(wān zǎi)、旺角(wàng jiǎo)等繁华(fán huá)地区的茶餐厅更可能通宵(tōng xiāo)营业。

第二段

茶餐厅的特点是简单快捷(kuài jié)、选择多、价钱实惠(shí huì)。茶餐厅讲究效率(xiào lǜ)，一般都不收小费，顾客用完餐后自己到收银处(shōu yín chù)付费，而且不需要等(děng)候(hòu)。在茶餐厅里吃饭，从点菜到结账(jié zhàng)都讲求速度(sù dù)，非常适合香港人。茶餐厅一般供应各种常餐(cháng cān)、快餐、午餐、特餐(tè cān)等，更有不少香港独有的饮食。茶餐厅供应的各类套餐(tào cān)，既营养丰富又物美价廉(wù měi jià lián)。在茶餐厅里吃一顿常餐或快餐只需二三十块港币，而且包含饮料或免费茶水。

第三段

茶餐厅供应的食品和饮料多种多样，有中式的、西式的，当然也有港式的。在茶餐厅里，人们可以吃到各式多士(duō shì)（烤面包）、三明治、蛋挞(dàn tǎ)，意粉、各式车仔面(chē zǎi miàn)（一种面条）、扬州(yáng zhōu)炒饭、星洲炒饭、牛肉炒河粉(hé fěn)等。部分茶餐厅还供应其他面食，如云吞(yún tūn)（馄饨(hún tun)）面、鱼蛋面等。基本上每个茶餐厅都供应烧味，比如叉烧(chā shāo)、烧鹅(shāo é)等。每个茶餐厅必备的港式饮品当然是“港式奶茶”，也叫“丝袜(sī wà)奶茶”。港式奶茶源于殖民(yuán yú zhí mín)时期英国人的喝茶方式，即将奶和糖加入红茶。港式奶茶分为冷饮和热饮两种。

第四段

每逢午饭时段，建筑工人、货车司机、售货员、办公室职员(zhí yuán)等都会光顾(guāng gù)茶餐厅。不同阶层(jiē céng)、行业的顾客在茶餐厅内一边吃饭，一边大声谈论、阅读马经等，成为茶餐厅的一大特色。

第五段

要体验地道的香港生活，非得去一趟茶餐厅不可。

A 根据短文选择适当的解释

1. “茶餐厅集快餐与饭馆于一身”（第1行）的意思是 __b__。
   a) 在茶餐厅里，顾客吃不到快餐
   b) 茶餐厅是快餐和饭馆的结合体
   c) 茶餐厅不是饭店

2. “茶餐厅是香港最平民化、饮食最地道(dì dao)的场所”（第1行）的意思是 __c__。
   a) 茶餐厅是香港人聚集(jù jí)的场所
   b) 茶餐厅是香港居民的食堂
   c) 在茶餐厅，你能体会到香港普通老百姓的生活及真正港式饮食

3. “每逢午饭时段，办公室职员(zhí yuán)都会光顾(guāng gù)茶餐厅”（第18行）的意思是 __a__。
   a) 午饭时间，办公室职员会去茶餐厅用餐
   b) 午饭时间，办公室职员会打电话去茶餐厅叫外卖
   c) 午饭时间，公司老板会去茶餐厅吃午饭

4. “要体验地道的香港生活，非得去一趟茶餐厅不可。”（第21行）的意思是 __b__。
   a) 在香港，你一定不能去茶餐厅吃饭
   b) 一定要去茶餐厅亲身体验真正的香港人的生活
   c) 去茶餐厅吃饭不能体验香港人的平民生活

B 用短文中的动词填空

1. __讲究__（第4行）饭菜质量
2. __适合__（第6行）快节奏的生活需要
3. __供应__（第7行）各式茶点
4. __阅读__（第20行）长篇小说
5. __成为__（第20行）旅游景点
6. __体验__（第21行）本地人的生活

C 判断正误，并说明原因

	对	错
1. 在香港，你到处都可以看到茶餐厅。		
原因：在香港，茶餐厅遍布各区，……。	√	
2. 茶餐厅通常每天营业时间长达12个小时。		
原因：营业时间不定，通常为早上6时至凌晨1时，……。		√
3. 茶餐厅里供应的饭菜既健康，价格又合理。		
原因：茶餐厅供应的各类套餐，既营养丰富又物美价廉。	√	
4. 在茶餐厅里，吃一顿很平常的午餐不到20块港币。		
原因：在茶餐厅里吃一顿常餐或快餐只需二三十块港币，……。		√
5. 在茶餐厅吃饭，一餐的花费包括饮料、茶水。		
原因：在茶餐厅里吃一顿常餐或快餐只需二三十块港币，而且包含饮料或免费茶水。	√	
6. 在茶餐厅里，你能吃到各种风味的饭菜。		
原因：茶餐厅供应的食品和饮料多种多样，有中式的、西式的，当然也有港式的。	√	

D 从右边的段落大意中找出最合适的

1. 第一段 D
2. 第二段 B
3. 第三段 F
4. 第四段 A
5. 第五段 C

A 茶餐厅里的独特一景。
B 茶餐厅的特色：上菜快，品种多，价钱适中。
C 茶餐厅是香港生活的缩影(suō yǐng)。
D 具有香港特色茶餐厅的普及程度(chéng dù)。
E 茶餐厅里供应的饭菜都很健康。
F 茶餐厅供应多样化的食品。
G 茶餐厅用自助餐的方式运营(yùn yíng)。

单元复习

提示：
“生词”部分的词语是本单元内每一课的词语，要求学生会认读，并会默写、运用。

生词

第10课

杭州　位于　沿海　浙江省　省会　政治　古都　西湖
山水　闻名　人间　赞美　灵隐寺　六和塔　闷热
寒冷　特产　名菜　东坡肉　龙井虾仁　丝绸　游船
宾馆　搭乘　专线　长途　公交　途中　保管　行李
物品　乱　旅游局

第11课

就读　表达　数目　协会　问卷　首选　根据　政府
种类　有限　消磨　的确　缺乏　监管　色情　暴力
身心　造成　后果　过分　对于　社交　具有　修养
业余　未来　有益

第12课

节奏　诞生　特点　美味　简便　物质　更新换代
坚固　耐用　休闲　体现　卡通　读物　读本　图片
文字　版面　读者　国内　国外　新闻　通俗　广大
群众　喜爱　动脑筋　欣赏　长篇　作品　抵达
书信　拨打　短信　远方　改变　关注

短语/句型

杭州位于中国东南沿海　政治、经济、文化中心　自然风景优美
以美丽的山水而闻名　气候温和　四季分明　平均气温在16度左右
旅游的最好季节　冬天相当寒冷　满足游客的需要　传统的工艺品
不同风格、设备齐全的宾馆　搭乘飞机/火车/汽车
保管好行李及物品　注意交通安全/饮食卫生/保护环境

表达意见和建议　作调查　根据调查结果　选择上网来消磨时间
由于……，所以……　活动种类有限　成为生活中的一部分
缺乏监管　影响身心健康　过分依赖网络　能力下降　对于青少年来说
扩大知识面　提高修养　培养社交技巧　丰富多彩
提供健康的、有意义的娱乐活动　为社会服务，为国家作贡献

像……一样　品尝、享受美味食品　简便的食品很受欢迎
在物质/精神生活方面　受广大群众的喜爱　欣赏长篇文学作品
网上购物成为现代生活的一部分　为读者提供国内外新闻
休闲方式体现出一个“快”字　从一个地方抵达另一个地方
改变生活方式　关注周围发生的事　快餐文化现象

提示：
“短语/句型”部分是从每课课文中抽取的重点词句、短语，要求学生熟练掌握，并在口语/作文中准确运用。

第四单元　测验

一、阅读理解

哈尔滨国际冰雪节

第一段　哈尔滨国际冰雪节是中国历史上第一个以冰雪为主题并组织与该主题相关活动的国际性节日。每年的1月5日已被定为哈尔滨冰雪节开幕的日子，一般持续一个月左右。这个节日的特点是它融合了文化、体育、旅游、经贸、科技等活动为一体。冰雪节自1985年创办以来已经成为世界四大冰雪盛会之一。

第二段　冰雪节的活动内容丰富、形式多样，如在松花江上建造的冰雪迪斯尼乐园、在斯大林公园展出的大型冰雕、在太阳岛举办的雪雕游园会、在兆麟公园举办的规模盛大的冰灯游园会等。冰雪节期间还举办冬泳比赛、冰球赛、雪地足球赛、高山滑雪邀请赛、国际冰雕比赛、冰上速滑赛、冰雪节诗会、冰雪摄影展、图书展、冰雪电影艺术节、冰上婚礼等。

第三段　主题为“激情悦动，大美冰城”的2012年冰雪节具备三大特点：国际性、艺术观赏性和参与体验性。新推出的参与性活动包括冰雪时装秀、冰雪达人秀、冰雪汽车驾驶体验等，使冰雪节内容更国际化。本届冰雪节推出了冰雪艺术、冰雪文化、冰雪体育、冰雪经贸和冰雪旅游五大板块近百项活动，向中外嘉宾全景展现了“北国风光美在黑龙江”的独特魅力。冰雪节上造型各异的冰雪雕塑、绚丽的烟花和多彩的冰灯营造出了一个寒冬梦幻乐园。往届冰雪节的景点都以夜间游乐为主，2012年的冰雪节大力打造冰雪动漫主题活动，吸引了大批游客白天入园参观游玩，使冰雪节成为昼夜皆宜、集娱乐互动与艺术观赏为一体的精品景区。

第四段　哈尔滨的冰雪节每年都吸引大量中外游客，为哈尔滨市创造了巨大的经济财富，也向世界展示了独特的冰雪文化。冰雪已成为冰城哈尔滨的城市名片。

A 从右边找到最适合的部分完成下列句子

1. 每年的1月5日	☐	A 世界上还有其他三大冰雪盛会。
2. 除了哈尔滨冰雪节以外，	☐	B 新开辟了一个寒冬梦幻乐园。
3. 冰雪节上的有些活动	☐	C 是哈尔滨冰雪节开幕的日子。
4. 2012年的冰雪节	☐	D 允许游客参与其中的活动。
5. 很多外国游客也喜欢	☐	E 一共推出了100多项各式活动。
		F 使冰雪节更加国际化。
		G 来哈尔滨一睹该市的独特文化。
		H 显示出组织者极具想象力。

B 判断正误，并说明原因 对 错

1. 一年一度的哈尔滨冰雪节每年大约在2月5日闭幕。

   原因：______________________ __ __

2. 2012年的冰雪节以“北国风光美在黑龙江”为主题。

   原因：______________________ __ __

3. 2012年的冰雪节重点突出国际性、艺术观赏性及创造性。

   原因：______________________ __ __

4. 哈尔滨冰雪节使游客领略了北国风光的美丽。

   原因：______________________ __ __

5. 2012年的冰雪节一天24小时都有精彩节目轮番上演。

   原因：______________________ __ __

6. 每年的冰雪节为哈尔滨市作了推广又赚取了收入。

   原因：______________________ __ __

C 从右边的段落大意中找出最合适的

1. 第一段	☐	A 举办哈尔滨国际冰雪节的目的及成效。
2. 第二段	☐	B 2012年哈尔滨国际冰雪节的主题及特点。
3. 第三段	☐	C 哈尔滨国际冰雪节的举办地、日期及特色。
4. 第四段	☐	D 哈尔滨市通过冰雪节大做旅游广告。
		E 冰雪节期间的活动五花八门、丰富多彩。
		F 哈尔滨国际冰雪节期间的活动及形式。
		G 冰雪节使哈尔滨市名利双收。

D 根据短文回答问题

1. 哈尔滨国际冰雪节是个什么样的节日?

2. 第一届哈尔滨冰雪节创办于何时?

3. 在哈尔滨冰雪节上，人们能看到哪些体育比赛?

4. 2012年冰雪节吸引了哪些人前去参观、游玩?

E 根据短文选择正确答案

1. 哈尔滨冰雪节将_____等融为一体。

a) 经贸、文化、体育　　c) 文化、旅游、达人秀

b) 科技、旅游、歌舞　　d) 时装秀、雕塑展、文化

2. 不喜爱_____的人士可能对哈尔滨冰雪节不感兴趣。

a) 时装　　c) 雪地烟花

b) 雪地运动　　d) a) + b) + c)

3. 冰雪节期间的活动丰富多彩，有_____等。

a) 冰上婚礼、电影艺术节、诗歌会

b) 摄影展、金融论坛、图书展

c) 冰雕比赛、速滑赛、雪地排球赛

d) 雪地车赛、精品展、烟花表演

二、写作

写一篇日记，回忆你从小到大庆祝生日的形式和内容发生了怎样的变化。

第四单元　参考答案

一、阅读理解

A　1. C　2. A　3. F　4. D　5. G

B　1. 对　原因：每年的1月5日已被定为哈尔滨冰雪节开幕的日子，一般持续一个月左右。

2. 错　原因：主题为“激情悦动，大美冰城”的2012年冰雪节……

3. 错　原因：……2012年冰雪节具备三大特点：国际性、艺术观赏性和参与体验性。

4. 对　原因：本届冰雪节……，向中外嘉宾全景展现了“北国风光美在黑龙江”的独特魅力。

5. 对　原因：2012年的冰雪节……，使冰雪节成为昼夜皆宜、集娱乐互动与艺术观赏为一体的精品景区。

6. 对　原因：哈尔滨的冰雪节每年都……，为哈尔滨市创造了巨大的经济财富，也向世界展示了独特的冰雪文化。

C　1. C　2. E　3. B　4. G

D　1. 哈尔滨国际冰雪节是中国历史上第一个以冰雪为主题并组织与该主题相关活动的国际性节日。

2. 1985年。

3. 冬泳比赛、冰球赛、雪地足球赛、高山滑雪邀请赛、冰上速滑赛等。

4. 中外游客。

E　1. a　2. d　3. a

第五单元

教学目标

- 能就社会的快速发展给教育带来的新挑战发表自己的看法
- 能就最近学校里有些学生违反校规的现象进行讨论，发表自己的看法，并提出建议
- 能就“生活方式与现代疾病”话题进行讨论
- 能讲述自己在高中阶段是怎样调整饮食习惯来适应繁重的课程和紧张的生活的
- 能分享自己是怎样保持学习与课余活动的平衡、怎样保持饮食均衡，再加上适当的运动来保持身体健康的
- 能讲述自己会在“世界地球日”当天安排、组织一系列活动来提高全校师生的环保意识，争取把环保工作做得更好
- 能看懂比课文难度更大的阅读文章
- 会写记叙文、正式书信、通知、日记

语言点

a) **给**：社会的发展给教育带来了新挑战。

b) **有的……，有的……，甚至……**：有的学生趁老师不注意发短信，有的随便迟到、早退，甚至逃课。

c) **第一……，第二……，第三……，第四……**：第一，学校不只是教授基础知识的场所。第二，学校应该培养学生辨别是非的能力。第三，学校要为学生提供各种有益的活动。第四，学校应该制定严格的校规。

d) **往往**：由于现在的学生有很多自由，他们往往自作主张。

e) **通过**：通过这些活动，学生可以发挥各自的才能。

f) **对于**：对于学生中的不良行为，学校应及时处理。

g) **讲一讲**：请王医生为我们讲一讲“生活方式与现代疾病”这一热门话题。

h) **跟……有关**：绝大多数的现代疾病都跟吃有关。

i) **与**：请王医生为我们讲一讲“生活方式与现代疾病”这一热门话题。

j) **又**：现代人饮食不健康，也不均衡，又没有时间运动。

k) **多**：我要劝告大家多吃粗粮。

l) **次**：每周至少运动三次。

m) **简单地说**：简单地说，现代人的饮食不健康。

n) **事实上**：事实上，控制好饮食是预防现代疾病的最佳措施。

o) **看来**：看来，我们是可以采取措施预防现代疾病的。

p) **总的来说**：总的来说，身体健康完全靠平时的注意和努力。

q) **说实话**：说实话，现代人的精神压力很大。

r) **全**：全校师生

s) **自……起**：自明日起，同学们可把礼物、旧物带到学校。

t) **由**：礼物必须由同学们自己制作。

u) **将**：当天将评选出一等奖。

提示：

① 讲解课文之前，建议老师将学生分成小组，讨论学生经常在哪些方面违反校规。比如：有人课上戴着耳机偷偷地听音乐，有的带着刀具来学校，有的张口就说脏话，有的染发，有的穿着不整齐，有的在校外喝酒，有的抄作业/不交作业/考试作弊，等等。

② 之后，可带领学生讨论学校该设立怎样的奖惩制度，使学生更有纪律性，成为努力、上进、有责任感的年轻人。

③ 老师带领学生学完生词表中余下的词语后，讲解课文，之后可做课本第180页的练习一，然后做练习二。

第五单元
第13课

教育面临新挑战

13

社会的发展给教育带来了新挑战。

由于现在的学生有很多自由，而且早熟，他们往往自作主张，说话、做事不考虑后果。

在学校里，有些学生违反校规。他们在课堂上随便讲话、说笑，有的学生趁老师不注意发短信、玩儿电脑游戏；有的学生随便迟到、早退，甚至逃课；还有个别的学生偷东西、打架、欺负弱小的同学，甚至还有学生抽烟、吸毒。

学校该怎样面对新的挑战呢？第一，学校不只是教授基础知识和技能的场所，学生也不只是来学校获取知识、应付各种考试的。学校不但要在教学上吸引学生，激发学生的学习动机，培养学生的学习能力，使其养成良好的学习习惯，而且要把他们培养成为有责任感的公民。第二，学校应该培养学生独立思考、辨别是非的能力。第三，学校要为学生提供各种健康、有益、有挑战性的课余活动。通过这些活动，学生可以发挥各自的才能，培养各种能力。第四，学校应该制定严格的校规。对于学生中的不良行为，学校应及时处理。学校应严格管教那些不遵守校规的学生，给他们适当的处罚，比如课后留校、停

178

课等。学校还应开除那些极少数严重违反校规的学生。

教育好学生不容易。学校、家庭、社会要共同努力，关心青少年的成长，使他们长大后成为有用的人，能为社会作贡献。

生词

1. 面临 (miàn lín) be faced with
2. 早熟 (zǎo shú) early-maturing
3. 往往 (wǎngwǎng) often
4. 主张 (zhǔ zhāng) view
   自作主张 (zì zuò zhǔ zhāng) act on one's own
5. 做事 (zuò shì) act; handle affairs
6. 违（違）(wéi) violate　违反 (wéi fǎn) violate
7. 规（規）(guī) rule; regulation
   校规 (xiào guī) school regulations
8. 随便 (suí biàn) do as one pleases
9. 讲话 (jiǎng huà) speak; talk
10. 趁 (chèn) while; take advantage of
11. 迟（遲）(chí) late　迟到 (chí dào) be late
12. 早退 (zǎo tuì) leave early
13. 逃 (táo) escape　逃课 (táo kè) play truant
14. 个别 (gè bié) individual
*15. 教授 (jiāo shòu) teach; instruct
16. 获取 (huò qǔ) obtain
17. 激发 (jī fā) stimulate
18. 动机 (dòng jī) motive
19. 公民 (gōngmín) citizen
20. 独立 (dú lì) independent; on one's own
21. 思考 (sī kǎo) think deeply
22. 发挥 (fā huī) bring into play
23. 各自 (gè zì) each
24. 才能 (cái néng) ability; talent
25. 制定 (zhì dìng) draw up
26. 严格 (yán gé) rigid; strict
27. 管教 (guǎn jiào) subject someone to discipline
28. 遵 (zūn) abide by; obey　遵守 (zūn shǒu) comply with
29. 适当 (shì dàng) appropriate
30. 罚（罰）(fá) punish　处罚 (chǔ fá) punish
31. 课后留校 (kè hòu liú xiào) detention after school
32. 停课 (tíng kè) suspend classes
33. 开除 (kāi chú) expel

口语热身

消化课文

1. 根据课文回答问题

1) 现在的学生有哪些特点？
2) 在课堂上，学生有哪些违反校规的现象？
3) 学校的首要任务是什么？
4) 丰富多彩的课余活动可以培养学生的哪些能力？
5) 学校应该怎样管教违反校规的学生？
6) 教育好青年学生是谁的责任？

答案（仅供参考）：
1) 他们早熟，往往自作主张，说话、做事不考虑后果。
2) 在课堂上他们随便讲话、说笑，有的学生趁老师不注意发短信、玩儿电脑游戏。
3) 教授基础知识和技能。
4) 通过各种活动，学生可以发挥各自的才能，培养各种能力。
5) 学校应该给他们适当的处罚，比如课后留校、停课等，还应该开除那些极少数严重违反校规的学生。
6) 学校、家庭、社会。

2. 根据实际情况回答问题

1) 你们学校是一所什么样的学校？你们学校的校规严格吗？请举两个例子。
2) 在你们学校，学生上课时有哪些违反校规的行为？如果被老师发现了，老师会怎样处罚他们？
3) 在你的同学当中，迟到、早退、逃课的现象严重吗？你们学校有没有偷东西、打架、欺负弱小的同学的现象？如果你看到这些现象，会怎么做？学校有哪些规定？
4) 你们学校有人抽烟、吸毒吗？如果抽烟、吸毒者被发现，他们会被开除吗？会受到什么处罚？如果你看到有人抽烟或者吸毒，你会管吗？会怎么管？
5) 如果你们学校的学生违反了校规，最严重的处罚是什么？
6) 你们学校注重培养学生的哪些能力？通过哪些活动来培养？
7) 你们学校的课余活动丰富吗？你今年参加了哪些课余活动？你有什么收获？
8) 在你的成长过程中，你觉得谁对你的影响最大？在哪些方面对你有影响？

提示：
此练习可用作单元口试部分的问答题。

1. 完成句子

Ⓐ例子：社会的发展给教育带来了新挑战。（第1行）

总之，我认为学校应该严格管教违反校规的学生。

Ⓑ例子：有的学生趁老师不注意发短信，有的随便迟到、早退，甚至逃课。（第5行）

Ⓒ例子：第一，学校不只是教授基础知识的场所。第二，学校应该培养学生辨别是非的能力。第三，学校要为学生提供各种有益的活动。第四，学校应该制定严格的校规。（第9~18行）

社会的不断进步给______带来了______。

总之，对于那些逃课的学生，__________。

有的活动______，有的____，甚至______。

我们应该怎样做一个好学生呢？第一，______。第二，______。第三，______。第四，______。

2. 选择其中一个词语造句

例子：由于现在的学生有很多自由，他们往往自作主张。（第2行）

经常/平时/通常/一般/从来不/总是

3. 用带点的词语模仿例子造句

Ⓐ例子：通过这些活动，学生可以发挥各自的才能。（第16行）

Ⓑ例子：对于学生中的不良行为，学校应及时处理。（第18行）

4. 用课文中的动词填空

1) 违反 校规（第4行）　　4) 辨别 是非（第14行）

2) 教授 知识（第9行）　　5) 提供 机会（第15行）

3) 激发 学习动机（第12行）　　6) 发挥 才能（第16行）

提示：

① 做此练习前，老师可先带领学生复习本课课文中出现的内容和词语、短语。

② 然后分小组讨论，可按“例子”接下去进行角色扮演。尽量用上“参考句子”。

口语训练

实际运用

角色扮演

在这个口语练习中有三个角色：学生会主席、副主席和学生代表。在学校里，你们看到一些违反校规的现象。你们的讨论要提及：

- 最近学校里有哪些违反校规的现象？
- 为什么会出现这些现象？
- 这些违反校规的现象给学校带来了哪些挑战？
- 你们给学校提出哪些建议？

例子：

主席：我们今天开会的主要目的是针对最近学校里一些违反校规的现象，讨论一下看能不能给学校提一些建议。

副主席：我也注意到了。有的同学在课堂上不尊重老师，随便讲话。老师提醒了他们好多次，他们还是不听。

学生：我认为这不是学生的错，因为有的老师讲课没有吸引力，学生有时候也听不懂，所以他们才会随便说话。

副主席：我今天上的历史课就很闷，因为老师满堂灌，不给学生参与的机会。我认为在课堂上，老师应该激发学生的学习动机，培养学生的独立思考能力，鼓励学生提问。如果学生对上课的内容感兴趣了，就不会在下面随便说话了。

主席：不管什么原因，学生在学校就是不应该违反校

182

规。犯错的学生就应该受到适当的处罚。我认为学校的校规不够严格，所以现在有越来越多的学生对校规不加理会。

副主席：在我们班里，有个别同学经常迟到、早退，有时候甚至逃课。班主任好像只罚他课后留校。我觉得处罚太轻了。如果有人逃课，学校就应该通知家长，让学生停课一天。

主席：学校校规好几年没有修改了，有的处罚确实太轻了。

副主席：是啊！学校应该制定严格的校规，比如有人打架、偷东西，就应该严厉处罚，甚至开除他们。

学生：可是校规是学校制定的，我们有发言权吗？

副主席：我们可以向校长、家长教师协会提建议，看看有哪些校规需要修改。

主席：我会把今天开会的纪要打印出来，然后大家再看看。我也会去找校长谈一谈，看看我们能为学校做些什么。

参考句子

a) 有些同学好奇心强、胆子大，想挑战校规，做不该做的事。受到处罚时，他们又很后悔。

b) 有些同学喜欢开玩笑，有时候玩笑开过头了，让一些同学受不了。

c) 有些家长忙着工作、赚钱，把管教子女的责任完全推给学校。

d) 有些同学不交或迟交作业、抄别人的作业，学校也不管。

e) 现在的年轻人往往做事自作主张，不考虑后果。

f) 有的同学在校园内抽烟，学校好像也没有人管。他们在低年级的同学面前树立了很不好的形象。学校应重罚这些学生。

g) 青少年辨别是非的能力不强，所以学校应该制定严格的校规，让学生知道什么事可以做，什么事不可以做。

h) 对于违反校规的同学，学校也要给他们改正的机会，这也是青少年成长的一个过程。

写作训练

实际运用

提示：

① 此写作练习的文体要求是正式书信。在帮助学生解题时要提醒学生信的内容要从教学和管理两个方面提出改进的建议。

② 结合本校的实际情况，参考“参考句子”，按照所规定的三条要求，写出此正式书信。

③ 本课课文及口语训练中的内容也可借鉴。

1. 写建议信

写一封信给你们的校长，对学校今年的教学及管理提出你的看法和改进的建议。在信里，你要提及：

- 学校哪些方面的工作做得不够好？
- 校规应该作哪些调整？
- 你有哪些建议？

参考句子

a) 今年各科老师课后都拼命留作业。他们根本就不理解我们要学六门课。每天为了完成作业，我们连睡觉的时间都没有了。

b) 在课上，有的学生根本听不懂老师在讲什么，回家后还要自学或者请补习老师。

c) 有的老师教书不认真，不负责任，收了学生的作业也不及时改。

d) 学校应该给高中生一些自由，允许他们谈恋爱。

e) 学校应该允许高中生穿便(biàn)服(fú)上学，让他们为上大学作好准备。

f) 学校对迟到、早退、逃课的学生有时候睁(zhēng)一只眼闭(bì)一只眼，处罚也不严。

g) 学校的环保工作做得不够好，很多学生不节约用水、用电，垃圾也没有分(fēn)类(lèi)回收。

h) 学校应该设(shè)立(lì)奖学金，奖励那些全面发展或有特长的学生。

184

2. 阅读短文并写回应式作文

你的各科老师在教学中也时常运用多媒体教学手段。参考以下短文，写一篇博客，说一说哪些课适合用多媒体来辅助教学，哪些课适合用传统教学方法。

多媒体教学与传统教学

现在多媒体教学越来越普遍。跟传统教学相比，多媒体教学的确有很多优势：第一，多媒体集图、文、声、像的功能为一体，可从多角度调动学生的情绪、注意力和兴趣；第二，多媒体的交互性使学生能更多地参与，学习起来会更主动；第三，多媒体软件除了能形象、生动地演示教学内容以外，还可重复播放、使用，有利于解决教学中的难点，课下还可以帮助学生复习；第四，多媒体可实现个性化教学，能针对不同水平和接受能力的学生；第五，多媒体信息量大，能节约空间和时间，提高教学效率。

虽然多媒体教学在现代教育中确实起着很大的作用，但我们也应该注意到，多媒体教学手段不能完全取代传统的教学方法。无论是用电脑、投影仪，还是录像机、电视机，都要用到“电”。如果遇到停电或机器故障，而且事先也没有作好两手准备，那么教师就会束手无策，从而影响教学效果。跟教师相比，多媒体在教学中仍然处于辅助的地位，不能代替教师的全部工作。教学过程的各个环节仍要由教师来组织、展开。传统教学中，教师的个人魅力、文化修养、与学生的情感交流等也是多媒体教学无法取代的。

因此，理想的教学应该是：教师在备课时设计并选择最合适的教学媒体，教学时再配合传统的教学手段。在课堂上，教师还要把握好多媒体的使用时机，正确处理多媒体和普通教具、语言表达之间的关系，这样才能获得最佳的教学效果。

提示：

建议学生按照博客的格式来写，这篇博客可以写得比较个性化。内容可包括：

① 有些科目可用多媒体辅助教学：
- 历史：在设计历史课件时，可链接一些纪录片片段、历史人物采访、史书记载等，方便学生即时领会所讲内容
- 地理：可用多媒体展现各种地理风貌、自然现象等，让学生能更直观、形象地了解地理知识

② 有些课适合用传统的教学方法：
- 外语：因为学习一种语言，需要学生专心多听、多说、多读、多写、多记。如果多媒体运用太多，会分散学生的注意力，让他们产生疲劳感
- 物理、化学、生物：因为这些科目需要学生动手进行实验，不能用多媒体虚拟技术/演示来代替实物/实验操作
- 钢琴、美术、芭蕾舞：学生需要苦练基本功，掌握基本的动作或技巧

③ 多媒体教学虽然有很多好处，但是它更多的是让学生看内容，很少让学生动脑去想，去分析、思考或去做。而且，教学过程中的各个环节仍要教师来组织、展开。教师的个人魅力、文化修养、与学生的情感交流等也是多媒体教学无法取代的

阅读与理解

阅读一

各位观众，大家好！我是主持人黄兴，这位是钱大伟先生。钱先生曾任某大学校长，从事高等教育事业30余年。今天钱先生将对中国的高等教育__①__他的看法。

黄：美籍华裔科学家高锟__②__了2009年诺贝尔物理学奖。您怎么看？

钱：我听到这个消息也为之感到自豪。自从诺贝尔奖__③__以来，已有多位华人科学家获得了该奖。

黄：那您觉得未来在中国的本土会有诺贝尔奖得主吗？

钱：我相信，在不久的将来会有的。中国的科学家不是没有能力，而是目前他们还没有把能力发挥到一定的高度。

黄：您认为目前中国大学里的科研水平怎么样？

钱：目前，中国有些大学里的科研水平还不高，基础也比较差。但是，近些年也有些科研成果已经达到了国际先进水平，有的已经占有了国际领先地位。

黄：那么，您觉得我国的大学怎样才能__④__出顶尖的科学家呢？

钱：我认为可以在以下几个方面努力。第一，国家要为大学和科研单位__⑤__充足的经费。第二，研究机构要有宽松的研究环境和浓厚的学术气氛。第三，科学家要思想开放、建立自信心。第四，从小培养学生勇于创新、__⑥__挑战。

黄：您刚才说到从小培养的问题，您认为我们的中、小学教育应该怎样__⑦__中国高等教育的发展？

钱：中国目前的教育制度还不太理想，但是近年来很多学校都在进行不同程度的教育改革。我相信我们一定能找到一种教育制度，既__⑧__基础教育，又注重创新，为学生提供发挥他们才能的空间，最终培养出世界一流的科学家。

……

A 从下面的方框里为短文选择最合适的词语填空

接受	获得	培养	接待	配合
发表	合作	提供	重视	设立

1. 发表　2. 获得　3. 设立　4. 培养

5. 提供　6. 接受　7. 配合　8. 重视

B 根据短文选择正确答案

1. 钱大伟先生＿a＿。
   a) 从事高等教育三十多年
   b) 曾经参与中小学教育改革
   c) 现在是某大学校长
2. 钱先生＿b＿有信心。
   a) 对高等教育改革效果
   b) 对中小学教育改革
   c) 对高锟获得诺贝尔奖
3. ＿a＿获得诺贝尔奖。
   a) 已经有好几位华人科学家
   b) 高锟在华人中是第一个
   c) 未来会有很多中国科学家
4. 钱先生相信＿b＿中国本土会有诺贝尔奖得主。
   a) 在近几年
   b) 不用等太久　c) 在21世纪
5. 中国大学里＿b＿。
   a) 科研水平普遍比较低
   b) 有些科研成果水平很高
   c) 大学生基础比较差
6. 中国目前的教育制度＿b＿。
   a) 非常完美
   b) 不太理想
   c) 相当好

C 用短文中的名词填空

1. 高等＿教育＿(第2行)
2. 科研＿能力＿(第9行)
3. 研究＿成果＿(第12行)
4. 顶尖的＿科学家＿(第14行)
5. 办学＿经费/环境＿(第16行)
6. 欢快的＿气氛＿(第17行)
7. 理想的＿制度＿(第21行)
8. 发挥创意的＿空间＿(第24行)

187

D 为短文配题目

☐ 1. 诺贝尔奖奖项
☑ 2. 探讨中国教育的发展方向
☐ 3. 中国的科研水平
☐ 4. 中国的中小学教育如何配合高等教育

E 根据短文找出四个正确的句子

☐ 1. 中国目前的研究机构里的学术气氛相当浓厚。
☑ 2. 科学家们的思想要更开放，这样才会有创新。
☐ 3. 经过几十年的努力，中国的中小学教育制度已经很理想了。
☑ 4. 世界一流的科学家是要从小培养的。
☑ 5. 中小学教育要重视培养学生的创造能力。
☑ 6. 一流的科学家一定有扎实(zhā shi)的基础知识。
☐ 7. 中国的科研水平已经达到了国际顶级(dǐng jí)水平。

F 根据短文回答问题

1. 这篇短文是用什么文体写的？
   访谈。

2. 为什么主持人和钱先生都对高锟感兴趣？
   因为高琨获得了 2009 年诺贝尔物理学奖。

3. 钱先生对理想的中小学教育制度有何期望？
   他认为理想的中小学教育制度，既重视基础教育，又注重创新，为学生提供发挥才能的空间，最终培养出世界一流的科学家。

4. 钱先生为什么对中国培养一流的科学家有信心？
   因为近年来中国很多学校都在进行不同程度的教育改革，他相信一定能找到一种理想的教育制度，最终培养出世界一流的科学家。

阅读二

男女生分开教学好不好

第一段 在世界上，大部分中、小学实行男女同校，但是也有一些国家和地区男校和女校分开。一些教育界人士认为，由于男女体质特征的不同，学生的心理和行为也会不同，把男生和女生放在同一个班级，用同一种教学方法对双方都有不利之处。

第二段 男女分开上课能顾及男女生的身心发展、学习方式以及兴趣的不同。有研究指出，低年级男生的听觉比较差。如果教师不提高嗓门，男生有时候会听不清老师讲课，因此会对老师讲的课失去兴趣。不少男生还会被误认为有多动症。还有，男生的阅读能力发展得比女生晚。如果在同一个班级里逼男生像女生一样读写，大部分男生达不到老师的要求。在初中阶段，男女生的发育、体能及对运动项目的兴趣有差异。如果男生跟女生一起上体育课，教学的效果就不能保证。

第三段 男女分开教学可以使学生的注意力更集中，课上递纸条、使眼色、写情书的现象就不会发生了，这样也能避免出现中学生早恋或单相思的现象。一些老师深有体会地说，男女生分开上课，一些学生不会因为有异性存在而感到难为情，有助于学生积极参与课堂活动。

第四段 但是，也有专家担心男女生分开教学不利于学生的心理健康。如果学生长期不接触异性，他们长大后不懂得如何跟异性相处。现在的学生学习很忙，课后的时间不多，很少有机会在学校外面接触到同龄的异性。还有一个问题，男女分校的学生考试成绩是否更好，这还有待我们的考证。

A 从右边的段落大意中找出最合适的

1. 第一段 A
2. 第二段 C
3. 第三段 F
4. 第四段 E

A 世界上的中小学有男女同校和男女分校两种教学模式（mó shì）。

B 男女生在学习方法上的差异。

C 男女生分开上课的理由。

D 男女生分开教学的利与弊。

E 男女生分开教学存在（cún zài）的问题及成效有待考证（chéngxiào yǒu dài kǎozhèng）。

F 男女生分开教学的优势。

B 判断正误，并说明原因

	对	错
1. 在各个国家，几乎没有男女生分校教学的情况。 原因：在世界上，大部分中、小学实行男女同校，但是也有一些国家和地区男校和女校分开。		√
2. 虽然男女生的体质特征不同，但他们的心理和行为都相似。 原因：由于男女体质特征的不同，学生的心理和行为也会不同，……。		√
3. 男女生一起上课，适合女生的教学方法男生不一定能接受。 原因：把男生和女生放在同一个班级，用同一种教学方法对双方都有不利之处。	√	
4. 女生的阅读能力比男生发展得早。 原因：男生的阅读能力发展得比女生晚。	√	
5. 男女生在一起上课，他们的注意力更集中。 原因：男女分开教学可以使学生的注意力更集中，……。		√
6. 专家担心男女生分开教学对他们的心理健康不利。 原因：也有专家担心男女生分开教学不利于学生的心理健康。	√	

C 给下列词语配上最合适的解释

1. 顾及(gù jí)(第5行) G
2. 提高嗓门(sǎngmén)(第6行) A
3. 递纸条(第12行) F
4. 使眼色(第12行) B
5. 单相思(dānxiāng sī)(第14行) C
6. 难为情(nán wéi qíng)(第15行) E

A 大声说话。
B 用眼神说话。
C 暗暗(àn àn)地对某一个人有好感。
D 遇到困难。
E 不好意思。
F 把想说的写在纸条上，然后传给对方。
G 考虑到。
H 回收废纸。

D 根据短文回答问题

1. 为什么低年级男生有时候听不清老师课上讲的内容？
因为低年级男生的听觉比较差。

2. 男女生分开上课有哪些明显的好处？请举两个例子。
男女生分开上课可以使学生的注意力更集中；一些学生不会因为有异性存在而感到难为情，有助于学生积极参与课堂活动。

3. 为什么男女生一起上体育课教学效果会不理想？
因为在初中阶段，男女生的发育、体能及对运动项目的兴趣有差异。

4. 如果男女分开教学，在跟异性接触方面会有哪些弊端(bì duān)？
如果学生长期不接触异性，他们长大后不懂得如何跟异性相处。

E 根据实际情况回答问题

1. 你就读的学校是男女同校吗？你怎么看待男女生在一起上课？

2. 在你们班上，总的来说，女生的成绩比男生的好，还是不如男生的？

3. 如果可以选择，你会选择男女同校吗？为什么？

提示：

① 老师让学生分小组讨论完之后，可带领学生一起分析、讨论三大内容：现代人的生活方式有哪些特点，现代疾病有哪些，如何预防现代疾病。

② 如果学生汉语水平较高，老师可适当扩充所涉及的内容，如现代人生活节奏快，心急（缺乏耐心）、恨不得三头六臂、经常飞来飞去（出差）、工作时间长/超时工作，吃快餐（快餐文化）、熬夜（开夜车）、长时间坐在电脑前等。如果学生汉语水平不高，讨论则应紧跟课文内容，甚至简化。

③ 老师带领学生学完生词表中的词语后讲解课文。之后做课本194页的练习一、二，书面作答效果更好！

生活方式与现代疾病

张：观众朋友们好！我叫张军。今天，我们有幸请来了我市现代疾病专家王医生，为我们讲一讲“生活方式与现代疾病”这一热门话题。王医生，现代人的生活方式有哪些特点？

王：简单地说，现代人的生活很忙碌，精神压力大，饮食不健康，也不均衡，又没有时间运动。有些人还吸烟、喝酒，这些不良嗜好都对健康不利。

张：那么，现代疾病又有哪些呢？

王：主要有心脏病、高血压、糖尿病、癌症等。过去，一般老年人才得这些疾病，但是，近年来越来越多的年轻人也容易得这些病。因此，现代疾病一定要提早预防。

张：怎样才能预防这些疾病呢？

王：如果仔细分析一下，我们不难看出，绝大多数的现代疾病都跟吃有关。因此，我要劝告大家多吃粗粮，多吃蔬菜、水果，还要尽量少吃肉，少吃垃圾食品。一日三餐营养要均衡，还要定时、定量进食。另外，现代人要少吃盐，少吃高糖、油腻的食品，少喝饮料。事实上，控制好饮食是预防现代疾病的最佳措施。

张：看来，我们是可以采取措施预防现代疾病的。除了注意饮食以外，还要注意什么呢？

王：要长期坚持运动，每周至少运动三次。除了运动以外，生活要有规律，每天要保证充足的睡眠。还有，要放松，保持良好的心情，不要过度紧张、劳累。过度紧张和疲劳对健康很有害。总的来说，身体健康完全靠平时的注意和努力。

张：谢谢王医生！

王：不用谢。

生词

1. 有幸 (yǒuxìng) be fortunate
2. 热门 (rèmén) popular
3. 话题 (huàtí) subject of a talk
4. 碌（碌）(lù) busy　忙碌 (mánglù) busy
5. 嗜 (shì) have a liking for　嗜好 (shìhào) hobby; addiction
6. 那么 (nàme) then; in that case
7. 心脏病 (xīnzàngbìng) heart disease
8. 尿 (niào) urine　糖尿病 (tángniàobìng) diabetes
9. 癌 (ái) cancer　癌症 (áizhèng) cancer
10. 提早 (tízǎo) be earlier than planned and expected
11. 防 (fáng) guard against　预防 (yùfáng) prevent
12. 仔细 (zǐxì) careful
13. 析 (xī) analyze　分析 (fēnxī) analyze
14. 劝（勸）(quàn) try to persuade
    劝告 (quàngào) persuade; advise
15. 大家 (dàjiā) everybody
16. 粮（糧）(liáng) grain; food
    粗粮 (cūliáng) coarse food grain
17. 定量 (dìngliàng) fixed quantity
18. 进食 (jìnshí) take food
19. 另外 (lìngwài) in addition; besides
20. 事实 (shìshí) fact
    事实上 (shìshíshàng) actually; as a matter of fact
21. 控 (kòng) control　控制 (kòngzhì) control
22. 措 (cuò) make plans　措施 (cuòshī) measure
23. 采取 (cǎiqǔ) adopt; take
24. 长期 (chángqī) long-term
25. 坚持 (jiānchí) persist on
26. 至少 (zhìshǎo) at least
27. 规律 (guīlǜ) regular pattern
28. 保证 (bǎozhèng) assure; guarantee
29. 充足 (chōngzú) sufficient
30. 保持 (bǎochí) keep; maintain
31. 过度 (guòdù) excessive
32. 劳（勞）(láo) fatigue　劳累 (láolèi) tired; overworked
33. 疲 (pí) tired　疲劳 (píláo) tired
34. 总的来说 (zǒng de lái shuō) generally speaking
35. 完全 (wánquán) completely

口语热身

消化课文

1. 根据课文回答问题

1) 王医生是哪方面的专家？她今天要讲什么话题？

2) 现代人的哪些生活方式不利于健康？

3) 人们常说的现代疾病有哪些？

4) 哪些现代疾病是可以预防的？

5) 大多数现代疾病跟什么有关？在饮食方面，现代人应该怎样做才能预防这些疾病？

6) 除了饮食以外，现代人还应该如何预防现代疾病？

答案（仅供参考）：

1) 她是现代疾病专家。她要讲"生活方式与现代疾病"这一话题。

2) 现代人饮食不健康，也不均衡，又没有时间运动。有些人还吸烟、喝酒，这些不良嗜好都对健康不利。

3) 心脏病、高血压、糖尿病、癌症等。

4) 那些跟吃有关的现代疾病。

5) 跟吃有关。现代人应该多吃粗粮、蔬菜、水果，尽量少吃肉，少吃垃圾食品。一日三餐营养要均衡，要定时、定量进食。另外，要少吃盐，少吃高糖、油腻的食品，少喝饮料。

6) 要长期坚持运动，每周至少运动三次。此外，生活要有规律，每天要保证充足的睡眠。还有，要放松，保持良好的心情，不要过度紧张、劳累。

2. 根据实际情况回答问题

1) 在你居住的地方，人们的生活节奏快吗？精神压力大吗？表现在哪些方面？

2) 你周围的人经常做哪些运动？在你们国家或地区，最受欢迎的运动有哪些？

3) 在你居住的地方，人们可以在公共场所抽烟吗？哪些公共场所不允许抽烟？如果有人犯规（fàn guī）会受到什么处罚？

4) 你们国家或地区的人喜欢喝酒吗？他们常喝什么酒？他们酒后会闹事吗？酒后驾驶（jià shǐ）的现象严重吗？

5) 在你居住的地方，人们常吃高盐、高糖、高脂肪的食物吗？这对他们的身体有什么影响？

6) 你周围的人注意控制饮食吗？他们是怎么做的？

7) 你周围的人生活有规律吗？他们的睡眠是否充足？他们精神紧张的时候是如何来放松的？

8) 为了保证青年人的饮食健康，政府作了哪些努力？效果怎样？

提示：
此练习可用作单元口试部分的问答题。

1. 选择其中一个短语造句

Ⓐ例子：请王医生为我们讲一讲“生活方式与现代疾病”这一热门话题。（第2行）
介绍一下/谈谈/说一说

Ⓑ例子：绝大多数的现代疾病都跟吃有关。（第13行）
跟……无关/关系很好/同岁

2. 用所给词语造句

Ⓐ例子：“生活方式与现代疾病”这一热门话题（第2行）	饮食与健康 话题
Ⓑ例子：现代人饮食不健康，也不均衡，又没有时间运动。（第5行）	工作忙 又
Ⓒ例子：我要劝告大家多吃粗粮。（第14行）	应该 少喝饮料
Ⓓ例子：每周至少运动三次。（第25行）	这本小说 两遍

3. 用带点的词语模仿例子造句

例子：简单地说，现代人的饮食不健康。（第5行）
事实上，控制好饮食是预防现代疾病的最佳措施。（第18行）
看来，我们是可以采取措施预防现代疾病的。（第19行）
总的来说，身体健康完全靠平时的注意和努力。（第28行）
说实话，现代人的精神压力很大。

4. 从课文中找反义词

1) 古代→（现代）（第2行）　4) 极少数→（绝大多数）（第13行）
2) 冷门→（热门）（第3行）　5) 细粮 →（粗粮）（第14行）
3) 粗心→（仔细）（第13行）　6) 轻松 →（紧张）（第27行）

口语训练

实际运用

角色扮演

在这个口语练习中有三个角色：营养师、家长和学生。假设这个学生最近在健康上出现了一些问题，比如他/她的瘦身方法不对、得了肥胖症、经常生病等。营养师在饮食、运动与健康方面给他/她提一些建议。你们的对话要提及：

- 他/她最近出现了什么健康问题？
- 他/她的饮食习惯怎样？
- 他/她应该怎样调整饮食？
- 他/她还应该做哪些运动？

例子：

家长：这是我儿子。他最近体重一直增加，精神也不太好，所以我来向您请教。

营养师：请问，你多大了？最近感觉怎么样？

学生：我17岁。最近我总是觉得精神不好，人家都说我胖了，所以我心情也不好。

营养师：那你告诉我，你每天都吃些什么？做些什么？

学生：我最喜欢吃快餐，也喜欢喝可乐，我几乎每天都要吃一顿快餐，至少喝三罐可乐。我爱上网，每天都跟网友玩儿网上游戏或者看电视连续剧。

营养师：看来你的饮食习惯出了问题。你每天都吃高糖、油腻食品，长期这样下去，你会生病的。为了身体健康，你要尽快改变饮食习惯。你每天至少要吃三份水果、

提示：

① 书中所给“例子”是一位学生，体重一直增加，精神也不太好，因此需要请教营养师。有兴趣的学生可按照提示，继续下去。

② 如果有学生想从其他方面入手，比如瘦身方法出了问题、经常生病，或偏食、挑食等，也可以参照“例子”进行角色扮演，但需要从头准备对话。

③ 鼓励学生运用“参考句子”。

蔬菜，少吃快餐，少喝可乐。

家长：他生活也没有规律，吃饭不定时，玩儿游戏经常忘记吃饭。他还喜欢晚睡晚起。如果作业做不完，他还经常开夜车。

营养师：那你还要改变生活习惯，保证充足的睡眠。你每周至少应该运动三次。你要调整一下饮食习惯和生活方式，下个月再来见我。

学生：好的。我喜欢打篮球，那我以后争取隔(gé)一天打一次篮球。谢谢您！我会按您说的去做。

（一个月后）

营养师：哎呀，我都快认不出你了！你现在感觉怎么样？

学生：我现在感觉非常好！我在一个月里就减掉(jiǎn diào)了20磅(bàng)。我非常满意。

家长：真要感谢您！这孩子不听我们的话，但是他听了您的话，现在身体好了，人也开心了。我们都为他高兴。

营养师：太好了！希望你能坚持下去。

参考句子

a) 每天吃蔬菜、水果，少吃肉，尽量不吃红肉，还要多吃谷类食物、玉米、红薯等粗粮。面包最好吃全麦(quánmài)的，还要多吃高纤维(xiān wéi)、低糖食物。

b) 多做户外活动，多晒太阳，不要老是坐在沙发上看电视或在房间里上网。

c) 保持心情愉快。如果有不愉快的事，就跟好朋友或父母说一说。如果心情不好，长期这样下去也会得病的。

d) 有些学生白天、黑夜颠倒(diāndǎo)。他们白天不抓紧(zhuā jǐn)时间，晚上开夜车。如果长期过度劳累、紧张，也会得病。

e) 吃饭时要慢，不要吃得太快，这样有助于消化(xiāo huà)，还不容易吃得太多。

f) 吃饭要定时，生活起居(qǐ jū)要有规律。

g) 有些学生总是觉得自己胖，但实际上一点儿都不胖。还有些学生乱吃减肥药。有些减肥药对身体有害。

提示：

① 此写作练习的文体要求是叙述文。

② 在写之前，可先带领学生讨论此写作练习的具体要求，将以前学过的知识"串"起来：时间管理；专心学习（不一心多用）；参加有意义的课余活动；注意均衡饮食；适当运动。

③ 鼓励学生运用"参考句子"。

写作训练

实际运用

1. 写叙述文

请写一篇文章发表在校刊上，跟将要上高中的学生分享你在高中阶段的学习、生活体验及感受，并提出你的建议。在文章里，你要提及：

- 怎样保持学习与课余活动的平衡（pínghéng）
- 怎样保持饮食均衡
- 怎样做适当的运动保持身体健康

参考句子

a) 选课的时候，你一定要选自己喜欢的课程，这样你才会愿意花时间去学。如果选的课程你不喜欢，就不容易学好。

b) 高中的第一个学期，不要参加太多的活动，因为你很快会发现高中的课程比初中的难很多。如果你参加太多的活动，就没有充足的时间做功课。

c) 压力大的时候，千万不要通过抽烟、喝酒来减压。这样不仅不能减压，而且可能使你上瘾，对身体有害。

d) 要想有好身体，就要有均衡的饮食，远离垃圾食品。

e) 生活起居（qǐ jū）要有规律。不管多忙，也要保证充足的睡眠，这样才不容易生病。

f) 不管多忙，每周一定要坚持锻炼。没有健康的身体，什么事也做不了。

g) 要保持好的心情。如果碰到困难，要用积极的态度来面对。

2. 阅读短文并写回应式作文

读了下面的短文后，你对肥胖带来的危害有了更多的认识。在社区网站上写一篇文章，谈谈你所在社区青少年的肥胖问题及预防肥胖的有效方法。

青少年肥胖问题

1997年，世界卫生组织正式宣布：肥胖是一种疾病。医学界称之为“死亡五重奏”的高血压、高血脂、糖尿病、冠心病和脑血管疾病都跟肥胖有密切的关系。可见，肥胖已经成为威胁人类健康的“杀手”。进入21世纪，中国的肥胖人口逐渐增多，其中肥胖儿就占大约10%。

现在中国青少年的生活、学习习惯使他们容易患肥胖症。如今，人们的生活和经济条件好了，青少年过多地进食高脂肪、高热量的食物，这样的饮食习惯容易导致营养过剩。再有，学生考试压力大，再加上长时间地坐在电脑和电视机前，缺乏锻炼，过剩的营养消耗不掉，肥胖就很容易形成。

肥胖症会给青少年的身心健康带来负面影响。肥胖不但直接影响到他们的正常发育，而且为日后的健康埋下“定时炸弹”。肥胖儿还承受着很大的心理压力。他们不愿意参加体育活动，因为害怕同学嘲笑他们笨拙的身体和动作。在学校，他们往往被其他同学起外号，不被同伴接受。长期这样下去，他们可能变得性格怪异、脾气暴躁、内向寡言。

要医治青少年肥胖症不是一件简单的事。到目前为止，没有一种方法可以真正医治肥胖症。因此，解决青少年肥胖问题的有效措施是加强预防。预防的关键是改变他们的饮食结构和生活方式。家长要限制孩子过多地摄取高热量、高脂肪的食物，选择含适量蛋白质和高纤维素的食品。同时，家长要注意培养孩子的运动习惯，增加体育运动时间，以消耗多余的热量。

提示：
建议学生按照文章的格式来写。内容可包括：

① 青少年的肥胖问题：
- 青少年过多地进食高脂肪、高热量的食物
- 学生考试压力大，长时间坐在电脑和电视机前，缺乏锻炼
- 肥胖不但直接影响他们的正常发育，而且为日后的健康埋下“定时炸弹”
- 肥胖儿还承受着很大的心理压力

② 预防肥胖的方法：
- 改变青少年的饮食结构和生活方式
- 家长要限制孩子过多地摄取高热量、高脂肪的食物
- 选择含适量蛋白质和高纤维素的食品
- 培养孩子的运动习惯，增加体育运动的时间

阅读与理解

阅读一

第一段 全球变暖已经直接影响到地球的生态平衡。但很少有人知道人类餐桌上的肉食间接地破坏了地球的环境。有人计算出吃一块牛排对地球变暖的影响等于一辆小汽车行驶两英里排放废气所造成的不良结果。

第二段 在最近的50多年里，人类对于肉食的需求量越来越大。现在世界上的牲畜数目已经是1945年的四倍，也就是说，全世界牲畜的数量是人口的三倍。

第三段 全世界一共有超过60亿人口，再饲养那么大数目的牲畜，地球怎么承受得了？人类的生存需要粮食和水，饲养那么多的牲畜也在跟人类“抢”粮食和水。有人计算过，在牲畜吃进去的食物中，大约800公斤的植物蛋白只能转化成50公斤的牛肉，也就是说90%以上的植物被白白地浪费了。如果人类能够少吃肉，省下来的粮食可以养活很多人。

第四段 看来，为了解决粮食的问题，为了保护环境、保持身体健康，吃素是最佳的选择。如果人类改为吃素，那么我们可以少饲养牲畜，这样就会减少对环境的破坏。营养专家指出，一个人每周的食肉量不宜超过500克，而过度摄入动物蛋白和脂肪会导致富贵病的发生，比如心脏病、高血压等。吃素对心脏有利，可以降低心血管疾病和中风的发病率。吃素能增强免疫力，所以素食者往往会长寿。

第五段 其实，人们对素食的了解不全面。素食者只要能选择多样化的饭菜，一样能从食物中摄取足够的营养。素食中的蛋白质也相当丰富，各种坚果的蛋白含量可达30%，谷类约含10%，豆类中的蛋白含量更高，近40%，是肉类的两倍。

A 从右边的段落大意中找出最合适的

1. 第一段 B
2. 第二段 A
3. 第三段 D
4. 第四段 F
5. 第五段 E

A 人类对肉食的需求量使牲畜(shēngchù)数目增加。
B 人类餐桌上的肉食间接(jiàn jiē)地破坏地球的环境。
C 肉食者导致(dǎo zhì)现代疾病的发生。
D 饲养(sì yǎng)大量的牲畜浪费粮食和水。
E 吃素者同样能从素食中摄取(shè qǔ)足够的营养。
F 吃素带来很多好处，同时也能解决人类的粮食问题。
G 吃素能解决粮食问题。

B 判断正误，并说明原因

	对	错
1. 全世界牲畜的数目有60多亿。 原因：全世界牲畜的数量是人口的三倍。……全世界一共有超过60亿人口。		√
2. 牲畜消耗了地球上大量的粮食和水。 原因：……饲养那么多的牲畜也在跟人类“抢”粮食和水。	√	
3. 如果人类少养牲畜，那么我们可以养活更多的人。 原因：如果人类能够少吃肉，省下来的粮食可以养活很多人。	√	
4. 素食者容易得心血管疾病。 原因：吃素对心脏有利，可以降低心血管疾病和中风的发病率。		√
5. 长寿(chángshòu)的人一般都是素食者。 原因：……所以素食者往往会长寿。	√	
6. 豆类中的蛋白质含量是肉类的两倍。 原因：……豆类中的蛋白含量更高，近40%，是肉类的两倍。	√	

C 从右边找到最适合的部分完成下列句子

1. 全球变暖使地球	D	A 大约有180亿。
2. 在地球上，牲畜(shēngchù)的数目	A	B 人的身体会健康一些。
3. 如果人类选择吃素，	B	C 心脏病和高血压。
4. 肉吃得太多容易得	C	D 失去生态(shēng tài)平衡。
5. 只要素食者吃多样化的饭菜，	F	E 其实素食营养很丰富。
6. 人们对素食的了解不够，	E	F 营养是一定能保证的。

D 为短文配题目

☐ 1. 吃素的好处
☐ 2. 吃肉直接破坏(pò huài)地球
☐ 3. 食素更健康
☑ 4. 吃素救地球

E 根据短文找出四个正确的句子

☑ 1. 人类正面临着粮食短缺(duǎnquē)。
☐ 2. 目前全世界的人口是1950年的四倍。
☐ 3. 坚果(jiān guǒ)中的蛋白质含量很丰富，含大约40%。
☑ 4. 更多的人吃素会间接减少对地球的破坏。
☑ 5. 素食提供充足的营养，所以食素者不会营养不良。
☐ 6. 少吃一块牛排就相当于减少小汽车行驶(xíng shǐ)两百米所排放(pái fàng)的废气(fèi qì)。
☑ 7. 多吃肉既不健康又不环保。

F 从短文中找反义词

A 动词：
1. 失衡→(平衡)(第1行)
2. 节约→(浪费)(第12行)
3. 提升→(降低)(第17行)
4. 减弱→(增强)(第18行)

B 形容词：
1. 直接→(间接)(第2行)
2. 优良→(不良)(第3行)
3. 不利→(有利)(第17行)
4. 片面→(全面)(第19行)

阅读二

全球性的传染(chuán rǎn)病

第一段

进入21世纪，新的传染病不断在世界各地出现。这些传染病对人类的健康造成了极大的危害(wēi hài)，甚至威胁(wēi xié)着人类的生存。由于新发的传染病大都是病毒感染(bìng dú gǎn rǎn)，抗生素(kàngshēng sù)对它们也无能为力。

第二段

在全球不同的国家或地区，差不多每年都有新发传染病爆发(bào fā)。这些传染病往往是从动物身上传到人的身上。由于气候变暖、人类居住集中、交通频繁(pín fán)，使得传染病传播(chuán bō)的范围(fàn wéi)变广，速度(sù dù)加快。这些疾病严重威胁着人类的健康。

第三段

近几年流行的传染病，如非典型肺炎(fēi diǎnxíng fèi yán)（SARS）、禽流感(qín liú gǎn)（H5N1）和甲型(jiǎ xíng)流感（H1N1）都来自动物。2003年，在整个亚洲地区特别是中国爆发的非典型性肺炎，病毒传播极快，顿时(dùn shí)好像全球都在戒严(jiè yán)，人类的一切活动几乎都停止了。几个月之内全球累计病例(lěi jì bìng lì)八千多，死亡率为11%左右。1997年，在香港发现的禽流感引起了世界卫生组织的高度(gāo dù)关注。其后，此病一直在亚洲地区零星(líng xīng)爆发。直到2005年，疫症(yì zhèng)不断在亚洲、东欧的多个国家扩散(kuò sàn)。2008年，甲型流感在墨西哥(mò xī gē)发现，并很快在世界范围内流行。世界卫生组织一度发出最高级警告(jǐng gào)。据(jù)说(shuō)，青壮年人比较容易传染甲型流感，这引起了世界性的恐慌(kǒnghuāng)。

第四段

当传染病在一个国家或地区流行时，如果及早采取隔离(gé lí)措施，这意味着(yì wèi zhe)各种交流要中断(zhōngduàn)，尤其影响旅游、运输(yùn shū)、商业等。这对该国家或地区造成很大的经济损失(sǔn shī)。但是，如果行动太慢，可能导致传染病扩散。因此，对付(duì fu)全球性的传染病，所有国家和人民都要行动起来，包括及时通报、积极采取措施防止(fáng zhǐ)扩散以及加快研制(yán zhì)药物和疫苗(yì miáo)。

A 从右边的段落大意中找出最合适的

1. 第一段 D
2. 第二段 C
3. 第三段 A
4. 第四段 E

A 几种传染病给人们的生命财产造成巨大的损失。
B 传染病造成的经济损失。
C 传染病的传播途径及范围。
D 全球性的传染病威胁着人类的生存，对医学提出了挑战。
E 各个国家要一起行动对付全球性的传染病。
F 传染病爆发时各国需采取的措施。

B 根据短文选择正确答案

1. “无能为力”（第3行）的意思是 a 。
   a) 不起作用　b) 很有作用　c) 起很大的作用
2. “零星”（第13行）的意思是 b 。
   a) 大规模　b) 少量的　c) 没有
3. “隔离”（第17行）的意思是 a 。
   a) 不让传染病人接触到其他人　b) 注射抗生素来医治传染病
   c) 把传染病人跟普通病人放在同一个病房里
4. “中断”（第18行）的意思是 c 。
   a) 继续　b) 延误　c) 停止

C 根据短文填写下列表格

传染病	何时发现	何地发现	病例	影响范围
非典型肺炎	2003年	中国及整个亚洲地区	八千多	全球
禽流感	1997年	香港		亚洲地区，东欧多个国家
甲型流感	2008年	墨西哥		世界范围内

D 根据短文找出四个正确的句子

☑ 1. 新的传染病严重地威胁着人类的生存。

☑ 2. 由于人类交往频繁，这使传染病很容易传播开。

☐ 3. 甲型流感的死亡率为11%左右。

☐ 4. 抗生素是医治传染病最佳的药。

☑ 5. 差不多每年都有新的传染病在世界上不同地区出现。

☐ 6. 青少年比较容易传染目前流行的传染病。

☑ 7. 如果传染病在一个地区爆发，很难决定何时隔离这个地区。

E 根据短文选择正确答案

1. 进入21世纪，新的传染病 __b__。
   a) 得到了医治
   b) 不时在世界各地出现
   c) 能被控制

2. 传染病在全球不同的国家或地区爆发的原因之一是 __a__。
   a) 气候变暖
   b) 人类不讲卫生
   c) 饮水问题

3. 近几年流行的传染病 __c__。
   a) 都是人传染给人
   b) 都造成了全球恐慌，一切交流中断
   c) 都是从动物传到人的身上

4. 1997年在香港出现的禽流感 __b__。
   a) 在几年内病例达到8000多
   b) 在几年内扩散到欧亚国家
   c) 只是在亚洲国家扩散

5. 世界卫生组织 __a__。
   a) 一直关注着新的传染病
   b) 对任何一种新传染病都会发出最高警告
   c) 有能力控制传染病扩散

6. 对待全球性的传染病， __b__ 。
   a) 第一件要做的事是中止交通
   b) 各国要联合起来，一起行动
   c) 各国要研制出新的抗生素

第五单元
第15课

保护环境，人人有责

15

学生会决定在“世界地球日”这一天举办一系列环保活动。

目的： 为了保护校园环境，增强同学们的环保意识，使同学们养成保护环境的习惯。

主题： 保护环境，人人有责

对象： 全校师生

活动时间： 2010年4月22日（世界地球日）下午2点~4点

活动主要内容：

1. 环保知识有奖问答（在图书馆，七至八年级的学生参加）
2. 设计环保传单、海报和小册子，选出最优秀的海报张贴在每间教室的布告栏上（七至十一年级的学生参加）
3. 组织环保卫士到校园周围植树、种花、捡垃圾（七至十一年级的学生参加）
4. 环保图片展（在大礼堂，图片由市政府提供）
5. 放映环保纪录片（在戏剧室，全校师生观看）
6. 环保摄影比赛（在体育馆，欢迎各年级同学参加，参赛者需交一张8 x 12英寸的彩色照片。当天将评选出一等奖、二等奖、三等奖各一名，并颁发奖品，还将有纪念品赠送给每个参赛者）
7. 礼物互换（在多媒体教室，礼物必须由同学们自己制作）
8. 旧物回收、捐赠（在校务处，包括整洁的衣物、图书、影碟、音乐光碟等）

提示：

① 本课主题是环保。开始上课时，老师可带领全班学生一起或将学生分组，进行讨论。

② 如果学生学过第六册课本，就可先复习其中与环保有关的内容；学生总结在学校、在家里、在自己所在的社区有哪些不环保的现象；自己本人或所在学校在哪些方面采取了哪些具体的环保措施；同学们还有哪些方法、形式来加强环保意识等。

③ 之后，老师带领/引导学生按照生词表中的词语，提出一些能够增强同学们环保意识的办法。

④ 之后，老师可带领学生看/讲读课文内容。

⑤ 本课文的文体形式是“小册子”，应特别提醒学生注意。

⑥ 最后，让学生书面回答课本第208页的练习一、练习二。

注意事项：

a) 活动当天上午将照常上课，下午的课取消。

b) 自明日起，同学们可把礼物、旧物带到学校，集中存放在校务处。学校将有专人看管。

c) 参加摄影比赛的照片和环保宣传作品可于活动日之前交给美术系主任。

d) 活动当天请同学们穿便服。

学生会

2010年4月5日

生词

1. 系列 (xìliè) series; set　一系列 (yí xìliè) a series of
2. 增强 (zēngqiáng) enhance
3. 传单 (chuándān) leaflet
4. 海报 (hǎibào) poster
5. 册（冊）(cè) volume; copy　小册子 (xiǎocèzi) pamphlet
6. 张贴 (zhāngtiē) put up (a notice)
7. 布告 (bùgào) notice; bulletin
8. 栏（欄）(lán) fence; railing　布告栏 (bùgàolán) notice board
9. 卫士 (wèishì) guard
10. 植 (zhí) plant　植树 (zhí shù) tree planting
11. 捡（撿）(jiǎn) pick up; collect
12. 映 (yìng) reflect　放映 (fàngyìng) show; project
13. 纪录片 (jìlùpiàn) documentary
14. 英寸 (yīngcùn) inch
15. 彩色 (cǎisè) colour
16. 评选 (píngxuǎn) choose through public appraisal
17. 一等 (yīděng) first-class; top-grade
18. 颁（頒）(bān) distribute　颁发 (bānfā) issue
19. 奖品 (jiǎngpǐn) prize; award
20. 赠（贈）(zèng) give as a present　赠送 (zèngsòng) give as a present
21. 参赛 (cānsài) take part in the match　参赛者 (cānsàizhě) player; participant
22. 互换 (hùhuàn) exchange
23. 媒 (méi) intermediary　媒体 (méitǐ) media　多媒体 (duōméitǐ) multimedia
*24. 由 (yóu) by (someone)
25. 捐赠 (juānzèng) donate
26. 校务 (xiàowù) administrative affairs of a school
27. 整洁 (zhěngjié) clean and tidy
28. 照常 (zhàocháng) as usual
29. 取消 (qǔxiāo) cancel
30. 存 (cún) store; keep　存放 (cúnfàng) leave with
31. 专人 (zhuānrén) a person specially assigned for a task
32. 看管 (kānguǎn) look after; attend to
33. 之前 (zhīqián) before
34. 便服 (biànfú) informal dress

口语热身

消化课文

1. 根据课文回答问题

1) 通知中的环保活动将在哪一天举行？那天是什么日子？
2) 七年级的同学当天可以参加哪些活动？请列出三个。
3) “环保卫士”是几年级的同学？他们当天要做些什么？
4) 谁可以观看环保纪录片？纪录片会在哪儿放映？
5) 参加环保摄影比赛的学生要交什么？有哪些奖项？
6) 环保活动当天学校的课程有什么特别的安排？

答案（仅供参考）：
1) 2010年4月22日。是世界地球日。
2) 环保知识有奖问答，设计环保传单、海报、小册子，到校园周围植树、种花、捡垃圾。
3) 环保卫士是七至十一年级的同学。他们当天要到校园周围植树、种花、捡垃圾。
4) 全校师生都可以观看。在戏剧室放映。
5) 要交一张8×12英寸的彩色照片。奖项有一等奖、二等奖、三等奖各一名。
6) 当天上午照常上课，下午的课取消。

2. 根据实际情况回答问题

1) 在“地球日”这一天，你们学校会安排什么环保活动？明年的“地球日”，你会建议学校安排什么环保活动？
2) 你周围的同学环保意识强吗？表现在哪些方面？列举两个例子。
3) 你们学校举办过环保知识有奖问答吗？如果没有，你是否想建议学校举办这种比赛？为什么？
4) 你们学校经常组织全校师生参与环保活动吗？请讲一讲最近组织过的一次活动。
5) 你们学校的布告栏里经常张贴宣传环保的海报吗？宣传环保的传单、海报、小册子等一般是谁设计的？你参与过设计吗？学校的布告栏里还应该张贴什么？
6) 你们学校会组织学生植树、种花、捡垃圾吗？你参加过哪些活动？请讲一讲你参与过的一次活动。
7) 你有没有从未打开过的礼物？你一般是怎样处理这些礼物的？你去年过生日收到了什么礼物？
8) 你一般会怎样处理旧衣物和不用的图书、影碟、音乐光碟等物品？你会把它们捐出去义卖吗？

提示：
此练习可用作单元口试部分的问答题。

语言难点

1. 选择其中一个短语造句

Ⓐ 例子：全校师生（第5行）

全市居民/全国人民

Ⓑ 例子：自明日起，同学们可把礼物、旧物带到学校。（第30行）

自从20世纪80年代改革开放以来

从2006年开始

2. 用所给词语造句

例子：礼物必须由同学们自己制作。（第22行）

剧本 由……编写

捐赠物 由……保管

3. 模仿例子缩写词语

Ⓐ 例子：参赛者需交一张彩色照片。（第15行）

（=需要）

Ⓑ 例子：照片可于活动日之前交给美术系主任。（第32行）

（=可以）

奖品可以放在校务处。

4. 用带点的词语模仿例子造句

例子：当天将评选出一等奖。（第16行）

这个周末全校师生要去海滩捡垃圾。

《地球之日》会在学校礼堂放映。

5. 用课文中的动词填空

1) 保护 沙滩环境（第2行）
2) 增强 环保意识（第2行）
3) 设计 传单（第9行）
4) 张贴 海报（第9行）
5) 组织 活动（第11行）
6) 放映/观看 电影（第14行）
7) 互换 礼物（第21行）
8) 回收/捐赠 旧衣物（第24行）

口语训练

实际运用

小组讨论

今年的“世界地球日”快到了。作为青年学生，你们可以为环保做些什么？在讨论中，你们要提及在学校或本社区：

- 发现了哪些不环保的现象？
- 可组织哪些活动？
- 希望达到什么目的？

例子：

学生1：我发现我们学校的餐厅很浪费。餐厅为学生提供一次性餐具，每天都会浪费很多塑料、纸和木头。我觉得学校应该鼓励学生自备餐具。

学生2：我同意你的建议。还有，学校的布告栏经常是空的，我们应该在上面张贴一些宣传环保的图片、海报，时刻(shí kè)提醒同学们要注意环保。

学生3：对。我们还应该组织同学们去海滩(hǎi tān)捡垃圾，同时也教育大家不要随手扔垃圾。

学生1：我们可以在下次全校集会(jí huì)上放映一部环保纪录片，教育同学们环保要从每个人做起，从现在做起。

学生2：我们可以举办自然风景摄影比赛，让大

提示：

① 此小组讨论的话题是：“世界地球日”那天要在学校或社区组织什么环保活动？希望达到什么目的？

② 提醒学生可联系课文中提及的内容。“参考句子”中也有可开展的活动。

③ 此练习可尝试让学生制作ppt来完成，可以2或3人一组。作完报告还要接受“观众”的提问。

家认识到大自然的美丽风景要靠每个人来保护，并鼓励学生更积极地参与保护大自然的活动。

学生3：我们可以建议学校，今年的“世界地球日”允许我们穿便服上学，衣服的颜色要求是蓝色和绿色。募捐来的钱可以为学校购置垃圾回收箱。

学生1：我们可以组织环保卫士在校园外的空地上植树、种花。这个花园也可为教学服务，比如说上生物课时，同学们可以在那里上实地课。

学生2：学生会可以安排学生每天轮流打扫教室。这样做，学生既培养了劳动观念，又学会了主动保护环境。

学生3：保护环境是每个人的责任。我们应该经常宣传环保的重要性，增强全民的环保意识。如果每个人每天都坚持注意环保，我相信我们的生活环境会更好。

参考句子

a) 定期组织学生捐出不用的物品、不穿的衣物，然后把它们捐给贫困地区的儿童。这样，我们不仅能减少浪费，还能帮助别人。

b) 我们要减少搭乘飞机旅游的次数，因为飞机排出的废气污染空气。相对而言，我们可以选乘火车或汽车，这样既经济又环保。

c) 政府应该发展公共交通，并修建自行车道，鼓励大家多骑自行车。政府还应向买汽车的人多征税，提高油价，使更多的人选择公共交通。

d) 礼物包装纸、盒子，酒瓶、饼干盒、饮料罐、购物袋，飞机上的餐具等，用了一次就扔了，实在太不环保了。

e) 普通人家里浪费的现象也很严重：有人开着水龙头刷牙，房间里没有人也开着灯，晚上开着空调盖被子睡觉。

f) 饭店浪费食物的现象非常严重，每天成吨的剩饭、剩菜被扔掉。

提示：

① 此写作练习的文体要求是“日记”，提醒学生日记开头的格式。

② 还要提醒学生：课文中的内容也可用来写在日记里，但时态要相应改变，变成过去式。

③ 题目提示部分的第二、三点，需要有自己的感想，有为将来作打算的计划。

写作训练

实际运用

1. 写日记

在“世界地球日”那一天，写一写你的行动及感想。在日记里，你要提及：

- 你做了什么？
- 你有什么感想和遗憾？
- 你今后想做些什么？

参考句子

a) 我去了一个垃圾处理厂作调查，发现扔掉的垃圾数目惊(jīng)人(rén)，有很多东西可以再用或回收，但都被扔掉了。

b) 在“世界地球日”这一天，我们学校参加了本市“熄(xī)灯(dēng)一小时”的活动。

c) 我们全家经常讨论怎样在家里节约水、电，回收废物，不买或少买不需要的东西。

d) 本市的回收工作做得不够，浪费的现象还十分严重，让我看了心疼。“地球日”这一天，我跟几个环保组织联系并提出了一些加强回收的建议，但是他们的反应不是很积极。我觉得很失望(shī wàng)。

e) 明年的“地球日”那一天，我会建议学校请“地球之友”人士来校会上发言，宣传环保的重要性。每个班也要定一个环保计划，争取在本学年内落实(luò shí)。

f) 从明年开始，我争取联络住在同一小区的同学，每天早上拼车(pīn chē)上学。

2. 阅读短文并写回应式作文

你对生物塑料有所了解，但是考虑到生物塑料的成本及用料问题，你还是觉得在生活中应该尽量少用塑料制品。为校刊写一篇文章，建议同学们在学校、家里少用塑料制品。

生物塑料

人类提炼石油做成塑料制品已经有几十年的历史了。这些塑料制品给人类带来了很多方便，但是也带来了难以想象的麻烦，因为塑料废物很难自然分解，燃烧后又释放出有毒气体，所以给生态环境造成了污染。

经过科学家们多年的努力，人类终于找到了“绿色塑料”——生物塑料。生物塑料是以淀粉，比如玉米、土豆、小麦等天然物质为基础，在微生物的作用下生成的塑料。

生物塑料用途很广。由于这种塑料不仅坚硬、重量轻，可以做成汽车门、船外壳等用品，而且耐高温、卫生安全有保证，所以可用于餐饮、玩具、医疗用具、电子产品、食品包装等。生物塑料对肌肤的适应性也非常好。当生物塑料植入体内一段时间，它会自行分解成二氧化碳和水。

生物塑料发展前景美好。有了生物塑料，人类对石油的消耗就会减少。生物塑料不含有毒物质，不会对人类的健康和生态环境造成破坏。全球生物塑料的市场也发展得很快。科学家们预计对生物塑料的需求每年将以10%的速度增长。到2010年，全世界使用的塑料20%将会是生物塑料。

但是，目前生产生物塑料面临着很大的挑战。生产生物塑料的成本比传统塑料要高出两三倍。由于生产生物塑料需用大量的玉米、小麦、土豆等农作物，这会引起世界粮食价格上涨。因此，有些科学家正在试用废木料、野草等代替农作物。而且，生产生物塑料的过程中也会产生二氧化碳，这是个需要解决的问题。

213

提示：
建议学生按照评论文章的格式来写。
内容可包括：

① 介绍生物塑料的相关知识：
- 生物塑料是以淀粉，比如玉米、土豆、小麦等天然物质为基础，在微生物的作用下生成的塑料
- 生物塑料用途广
- 生物塑料发展前景美好
- 有了生物塑料，人类对石油的消耗就会减少
- 生物塑料不含有毒物质，不会对人类的健康和生态环境造成破坏
- 生产生物塑料的成本比传统塑料要高出两三倍
- 生产生物塑料的过程中也会产生二氧化碳

② 建议同学们在学校、家里少用塑料制品，比如：
- 少用或不用一次性塑料餐具
- 少买或不买瓶装水
- 自备购物袋

阅读与理解

阅读一 全球变暖

第一段 进入20世纪80年代以来，由于全球变暖，产生“温室效应”，冰川消融，海平面上升了，这__①__了自然生态系统的平衡，更威胁到人类的食物供应和居住环境。

第二段 科学家预测，如果人类不立即__②__行动减少温室气体排放，那么到21世纪末，地球表面的温度将会__③__4℃。到那时，地球上的大部分陆地将会变成沙漠，一些土地会被海水淹没，大多数动物将从地球上消失。如果这样，世界上大约只有10亿人能幸存下来，并且要移居到加拿大、西伯利亚、南极洲等冰雪融化的地带。由于农田变成了沙漠、生物大量灭绝，人类的吃饭问题将__④__最令人头痛的问题：淡水将会变得奇缺，土豆将成为人类的主食。

第三段 但是也有一些科学家比较乐观。他们__⑤__即使地球上许多地方都变成了沙漠，剩下的可居住区和“生命绿洲”仍然可以维持目前60多亿人口的生存。科学家评估，人类将根据地球资源情况来重新安置人口，如今冰天雪地的南极洲将变成__⑥__人类居住的“绿洲”。

第四段 为了应对全球变暖，一些科学家提出了一个大胆的设想：围绕地球建立一个人工太空环，遮蔽阳光，__⑦__地球温度。但是，另外一些科学家认为，这种人工太空环肯定会有副作用，而且这一计划的预算将高得惊人。

第五段 2009年12月7日~18日在哥本哈根召开的联合国世界气候大会，有192个国家的领导人参加，是最多的国家及国家领导人__⑧__的一次国际会议。这次会议被称作“拯救人类的最后一次机会”。大会呼吁各个国家马上采取措施减少二氧化碳的排放，阻止全球暖化。

A 从下面的方框里为短文选择最合适的词语填空

认为	影响	成为	采取	参加
	节约	上升	调节	适合	预防

1. 影响　2. 采取　3. 上升　4. 成为

5. 认为　6. 适合　7. 调节　8. 参加

B 从右边的段落大意中找出最合适的

1. 第一段 C
2. 第二段 A
3. 第三段 D
4. 第四段 F
5. 第五段 E

A 悲观(bēiguān)的科学家警告(jǐnggào)人们气候变暖会带来巨大危害(wēi hài)。

B 各国应该马上采取行动，阻止(zǔ zhǐ)全球变暖。

C 全球变暖影响到人类的生存。

D 另一些科学家乐观地面对全球变暖造成的影响。

E 2009年哥本哈根(gē běn hā gēn)世界气候大会的重要性。

F 一些科学家提出大胆(dà dǎn)的设想(shèxiǎng)调节(tiáo jié)地球的温度。

G 全球变暖并不是那么可怕。

C 根据短文选择正确答案

1. "移居(yí jū)"(第7行)的意思是 a 。
   a) 搬到其他地方去住
   b) 流亡到其他地方
   c) 去其他地方开发新天地

2. "最令人头痛的问题"(第9行)的意思是 b 。
   a) 很容易解决的问题
   b) 很难解决的问题
   c) 不可能解决的问题

3. "乐观"(第11行)的意思是 b 。
   a) 从客观上来看问题
   b) 事情没那么坏，还有希望
   c) 从主观上来看问题

4. "副作用"(第17行)的意思是 c 。
   a) 正面的作用
   b) 积极的作用
   c) 除主要作用以外的不好的作用

D 根据短文找出四个正确的句子

☑ 1. 全球变暖是从20世纪80年代开始的。

☐ 2. 如果地球表面的温度上升4度，人类将无法在地球上生存。

☑ 3. 全球变暖的结果是人类不得不搬到南极、北极等地去住。

☑ 4. 人类应该一齐行动，采取有效的措施，阻止全球暖化。

☐ 5. 如果地球温度继续上升，全球气候会变得越来越冷。

☑ 6. 全球变暖会影响到自然生态系统的平衡。

☐ 7. 如果南极洲的冰雪融化，地球会变成一个大海洋。

E 根据短文选择正确答案

1. 由于全球变暖，<u>c</u>。
   a) 沙漠会变成绿洲
   b) 世界人口会剧增
   c) 冰雪会融化，因此海平面会上升

2. 如果人类不马上减少温室气体排放，到21世纪末<u>a</u>。
   a) 地球表面温度将会上升4度
   b) 海水将会把沙漠淹没
   c) 所有生物将灭绝

3. 如果农田变成沙漠，生物大量灭绝，<u>b</u>。
   a) 人类不用吃饭也能活
   b) 人类就会缺粮缺水
   c) 人类就连土豆都种不出来

4. 一些乐观的科学家认为<u>a</u>。
   a) 人工太空环能把太阳遮住
   b) 人工太空环不会起太大的作用
   c) 单单一个南极洲能让现在的60亿人口住下

5. 一些悲观的科学家认为<u>c</u>。
   a) 人工太空环能遮住太阳
   b) 人工太空环虽然便宜但有副作用
   c) 如果气候继续恶化，到最后世界上只剩下10亿人口

6. 各国应该马上采取行动，<u>b</u>。
   a) 希望每年召开一次世界气候大会
   b) 减少二氧化碳的排放
   c) 立即集资建造人工太空环

216

世界地球日

为了___①___环境污染问题，1970年4月22日，全美国10000所中小学、2000所高等院校和2000个社区及团体共计2000多万人走上街头，要求政府采取措施控制大气和水污染。美国民间组织提议(tí yì)把4月22日定为“地球日”。

自从1970年“地球日”___②___后，在全世界范围内得到了各国的响应(xiǎng yìng)。环保工作在一定程度(chéng dù)上受到了各国的关注，也___③___了一些进展。1973年，联合国(lián hé guó)成立了联合国环境规划署(guī huà shǔ)，许多国家也都___④___了环境保护管理机构和科研(kē yán)机构。1989年第44届联合国大会上，环境污染和生态保护成了讨论的热点，最后通过了关于环境保护的决议(jué yì)和宣言(xuānyán)。

20世纪90年代，“地球日”成了世界上很多国家的特殊日子。1990年4月22日，“地球日”活动的组织者___⑤___联合国召开高级环境会议，目的是为了阻止(zǔ zhǐ)全球环境恶化(è huà)。1990年的“地球日”这一天，全世界有100多个国家___⑥___了各种各样的环境保护宣传活动，参加的人达数亿。

进入21世纪，人类___⑦___地球的行动受到了全世界的关注。2009年4月22日，第63届联合国大会___⑧___将今后每年的4月22日定为“世界地球日”。2009年“世界地球日”的主题是“绿色一代”。它呼吁(hū yù)人类积极开发环保能源(néngyuán)，要求个人消费习惯符合(fú hé)环保要求，___⑨___一个“无碳(tàn)”的“绿色经济”。

人类只有一个地球，尊重地球就是尊重生命，拯救(zhěng jiù)地球就是拯救人类的未来。所有热爱地球的人们都应该马上行动起来，把每一天都___⑩___“世界地球日”。

A 从下面的方框里为短文选择最合适的词语填空

诞生	当做	解决	克服	建议	成立
创造	决定	成为	举行	取得	保护

1. 解决　2. 诞生　3. 取得　4. 成立　5. 建议

6. 举行　7. 保护　8. 决定　9. 创造　10. 当做

B 判断正误，并说明原因

对　错

1. 把4月22日定为“地球日”最初是由美国的民间组织提出来的。

原因：美国民间组织提议把4月22日定为“地球日”。　√

2. “世界地球日”诞生于1970年4月22日。

原因：1970年4月22日，……提议把4月22日定为“地球日”。自从1970年“地球日”诞生后，……。　√

3. 1990年4月22日这一天，全世界有100多个国家的人民参加了保护环境的活动。

原因：1990年的“地球日”这一天，全世界有100多个国家举行了各种各样的环境保护宣传活动，……。　√

4. 进入21世纪后，全球越来越多的人关心、保护地球环境。

原因：进入21世纪，人类保护地球的行动受到了全世界的关注。　√

5. “绿色经济”是2009年“世界地球日”的主题。

原因：2009年“世界地球日”的主题是“绿色一代”。　错 √

6. 只有保护地球，人类才会有未来。

原因：……，尊重地球就是尊重生命，拯救地球就是拯救人类的未来。　√

C 根据短文选择最适当的解释

1. “环保工作在一定程度上受到了各国的关注”(第6行)这句话是指各国对环保工作<u>a</u>。

   a) 多多少少重视起来了　　b) 一点儿都不重视

   c) 非常重视

2. “讨论的热点”(第9行)的意思是<u>c</u>。

   a) 演讲题目　　b) 研究的课题　　c) 热门话题

3. “全球环境恶化”(第12行)的意思是<u>b</u>。

   a) 全球气温越来越冷　　b) 全球环境越来越差

   c) 全球空气越来越差

4. “一个‘无碳’的‘绿色经济’”(第17行)是指在这种经济模式中，<u>a</u>。

   a) 碳排放量为零，非常环保　　b) 想尽办法把沙漠变成“绿洲”

   c) 用植树的方法来改善地球环境

D 根据短文找出四个正确的句子

☑ 1. 1973年，世界上很多国家都成立了环境保护和科研机构。

☑ 2. 自从“地球日”在美国诞生后，保护环境受到了各国的重视。

☑ 3. 第63届联合国大会宣布，从2009年开始，每年的4月22日为“世界地球日”。

☐ 4. 到2009年为止，人类的个人消费习惯不符合环保的要求。

☑ 5. 2009年的“世界地球日”那一天，在全世界的每个角落都有各种保护地球的活动。

☐ 6. 在全球范围内解决环境污染问题和保护环境的工作没有取得什么成果。

☐ 7. 20世纪的经济发展在很多方面都符合“绿色经济”的标准。

单元复习

提示：
“生词”部分的词语是本单元内每一课的词语，要求学生会认读，并会默写、运用。

生词

第13课

面临　早熟　往往　自作主张　做事　违反　校规
随便　讲话　趁　迟到　早退　逃课　个别　*教授
获取　激发　动机　公民　独立　思考　发挥　各自
才能　制定　严格　管教　遵守　适当　处罚　停课
课后留校　开除

第14课

有幸　热门　话题　忙碌　嗜好　那么　心脏病
糖尿病　癌症　提早　预防　仔细　分析　劝告
大家　粗粮　定量　进食　另外　事实上　控制
措施　采取　长期　坚持　至少　规律　保证
充足　保持　过度　劳累　疲劳　总的来说　完全

第15课

一系列　增强　传单　海报　小册子　张贴　布告栏
卫士　植树　捡　放映　纪录片　英寸　彩色　评选
一等　颁发　奖品　赠送　参赛者　互换　多媒体　*由
捐赠　校务　整洁　照常　取消　存放　专人　看管
之前　便服

短语/句型

带来新挑战　做事不考虑后果　违反/遵守校规　欺负弱小的同学
第一，……；第二，……　教授/获取知识和技能　激发学习动机
培养学习能力　养成良好的学习习惯　成为有责任感的公民
独立思考、辨别是非的能力　发挥才能　适当的处罚　对于不良行为
提供有挑战性的课余活动　关心青少年的成长

生活方式　热门话题　简单地说　生活忙碌，精神压力大
饮食不健康　不良嗜好　对健康不利　提早预防　仔细分析一下
绝大多数的现代疾病都跟吃有关　多吃粗粮　一日三餐营养要均衡
控制饮食是最佳措施　采取措施　生活要有规律　保证充足的睡眠
保持良好的心情　过度紧张和疲劳对健康有害

举办一系列环保活动　为了保护校园环境　增强环保意识　养成习惯
人人有责　有奖问答　设计传单　选出优秀海报　组织环保卫士植树
环保图片展　放映纪录片　欢迎各年级同学参加　评选出一等奖
有纪念品赠送给每个参赛者　旧物回收　照常上课　专人看管
把……存放在校务处　参加摄影比赛　环保宣传作品

提示：
“短语/句型”部分是从每课课文中抽取的重点词句、短语，要求学生熟练掌握，并在口语/作文中准确运用。

第五单元　测验

一、阅读理解

减少粮食浪费

第一段　近年来，节能低碳、关爱环境等议题引起了社会的广泛关注，但餐饮方面的浪费及其对环境造成的影响还没受到足够的重视。

第二段　随着生活水平的提高，如今人们对食物似乎不那么在乎了。中国首个民间环境保护团体“自然之友”指出：根据最新资料显示，中国每年所浪费食物的总量（折合成粮食）大约为500亿公斤。这样算起来，中国每年餐饮浪费约为2亿人一年的口粮。有关资料还显示：在很多大城市的饭店里，食物浪费一般都占所供应食物总量的15%以上。学校的食物浪费也很厉害，大学餐桌上的浪费一般约为所供应食物的20%。城市居民经常把冰箱里存放久了的各类食物倒掉。有很多孩子对不可口的食品随手就扔。如今很多人在办红白喜事时都会在饭店招待客人，白酒、啤酒、饮料都上，酒水倒得桌上地下到处都是，而所点菜肴仅吃了2/3，剩余的食物全部进了垃圾箱。

第三段　中国人口众多，是个饮食大国。以上所提到的这些浪费不但对耕地、水资源与能源造成了极大浪费，更会产生大量生活垃圾，对环境的可持续发展形成巨大威胁。

第四段　为了减少粮食的浪费、保护环境，我们不妨：在家用餐时做到不浪费；外出就餐时“适可而点”，也就是说根据就餐人数适量点餐，不够吃再点。餐饮行业的服务人员应该向客人合理建议点菜的数量。当然，到饭店就餐，不可能完全杜绝剩饭、剩菜等现象，但是剩了饭、剩了菜可以打包带回家。再说，合理、适量点餐，不仅是给自己的荷包“减负”，同时还降低了饭店的垃圾处理费用，也减轻了环境卫生部门的压力，可以说一举三得。

A 根据短文回答问题

1. 为什么餐饮方面的浪费没有受到社会足够的重视？

2. 要喂饱两亿人，每年大约需要多少粮食？

3. 人们在饭店里请客吃饭所浪费的食物占所供应食物多大的比例？

4. 文章结尾所提到的“一举三得”指的是什么？

B 判断正误，并说明原因 对 错

1. 这些年来，整个社会非常关注环境保护问题。

原因：________________ __ __

2. 学校食堂里浪费食物的比例比很多大城市饭店里更多。

原因：________________ __ __

3. 中国的人口多，因此每年吃掉的粮食也是个巨大的数目。

原因：________________ __ __

4. 外出就餐，食客应该吃多少就点多少。

原因：________________ __ __

C 从右边的段落大意中找出最合适的

1. 第一段 ☐
2. 第二段 ☐
3. 第三段 ☐
4. 第四段 ☐

A 浪费粮食威胁到环境的持续发展。
B 饮食大国所面临的耕地短缺问题。
C 粮食浪费还未受到公众的重视。
D 全社会的粮食浪费现象。
E 粮食浪费对生活环境带来的压力。
F 餐饮业所采取的减少粮食浪费的措施。
G 可采取的减少粮食浪费的具体方式。

D 根据短文选择正确答案

1. “似乎”（第 5 行）可以用______代替。

a) 几乎　b) 好像　c) 大约　d) 根本

2. “厉害”（第 11 行）可以用______代替。

a) 迫害　b) 离谱　c) 特殊　d) 出奇

3. “红白喜事”（第 13 行）的意思是______。

a) 庆典仪式　c) 婚礼、丧事

b) 祭奠仪式　d) 满月酒席

4. “不妨”（第 20 行）可以用______代替。

a) 可以　b) 不仅　c) 不但　d) 妨碍

5. “减负”（第 25 行）的意思是______。

a) 超额消费　c) 少欠款

b) 少掏腰包　d) 增加债务

E 从右边找到最适合的部分完成下列句子

1. 餐饮业浪费的程度简直 □
2. “自然之友”是中国第一个 □
3. 人们每天倒掉的剩饭、剩菜 □
4. 很多孩子节约粮食的观念 □
5. 饭店里每年浪费大量食物， □

A 直接变成了生活垃圾。
B 相当薄弱。
C 已经影响到了每个人的生活环境。
D 令人瞠目结舌。
E 民间环保组织。
F 对环境造成了极大的影响。
G 是为了降低饭店的垃圾处理费用。
H 餐饮业也有不可推卸的责任。

二、写作

为校报写一篇文章，反思自己从小到大在哪些方面比较浪费，并提醒低年级同学为什么要减少浪费。

第五单元　参考答案

一、阅读理解

A　1. 因为随着生活水平的提高，如今人们对食物似乎不那么在乎了。

2. 500亿公斤。

3. 15%以上。

4. 合理、适量点餐，不仅是给自己的荷包“减负”，同时还降低了饭店的垃圾处理费用，也减轻了环境卫生部门的压力。

B　1. 对　原因：近年来，节能低碳、关爱环境等议题引起了社会的广泛关注。

2. 对　原因：在很多大城市的饭店里，食物浪费一般都占所供应食物总量的15%以上。学校的食物浪费也很厉害，大学餐桌上的浪费一般约为所供应食物的20%。

3. 对　原因：中国人口众多，是个饮食大国。

4. 对　原因：我们不妨……外出就餐时“适可而点”，也就是说根据就餐人数适量点餐，不够吃再点。

C　1. C　2. D　3. A　4. G

D　1. b　2. b　3. c　4. a　5. b

E　1. D　2. E　3. A　4. B　5. F